子ども若者の権利と政策 4

若者の権利と若者政策

宮本みち子 編著

末冨 芳
秋田喜代美
宮本みち子 監修

明石書店

巻頭言

ついにわが国でも、子ども若者の権利を基盤としたこども政策、若者政策が展開されていく段階に入った。２０２２（令和４）年６月、子どもの権利を位置づけた国内法であるこども基本法が成立し、２０２３年４月に施行された。

ここに至る道は長く、平坦ではなかった。子どもの権利条約（児童の権利条約）は、１９８９年国連総会において採択され、１９９０年に発効した。日本は１９９４年に批准している。

ここから２０２２年のこども基本法の成立に至るまで、およそ30年、子どもの権利条約批准の年に生まれた子どもたちが、成長し、社会を担う世代になるまでの時間を要した。この30年は、わが国の政治・行政をはじめとする大人たちが、子ども若者がおかれる厳しい実態を知り、改善に取り組む中で、子どもの権利の重要性を理解し、国内法に位置づける必要性を共通認識とするために要した時間でもあった。

こども基本法が存在する日本においては、子ども若者が自身の権利を知り、政策や実践の中で、子ども若者の最善の利益の実現や、子ども若者の意見表明や参画の権利などの諸権利を、着実に丁寧に実現していくことこそが、重要となる。

なによりも、子ども若者自身が、幸せな今を生き、成長していくために、大人たちは、子ども若者の声を聴き、声なき声にも寄り添い、対話を重ねながら、ともに進んでいかなければならない。

本シリーズは、子ども若者自身の権利を尊重した実践、子ども政策、若者政策をどのように進めるべきか、いま（現在）の状況を整理するとともに、これから（今後）の取り組みの充実を展望することを目的とする。子ども若者の権利、こども基本法に込められた理念や願い、それらを子ども若者とどのように実現していくか、当事者、実践者、研究者や政治・行政のアクターによる論稿をまじえることで、日々の実践の中にあっても、子ども若者や関わる大人たちが「共通のビジョン」を持ちながら進んでいくための、手がかりとなれば幸いである。

保育・教育・福祉や司法、労働、医療等の分野で子ども若者と関わる大人たち、子ども若者自身など、子ども若者の権利をこの国・社会において実現するために、ともに道を進んでくださる方々に届くことが、編著者一同の願いである。

2023年7月

末冨　芳
秋田喜代美
宮本みち子

子ども若者の権利と政策 4

若者の権利と若者政策

目次

第II部　移行と自立の保障

第Ⅰ部

移行支援と生活保障

第1章

若者の生活保障と若者政策

宮本みち子

1　若者期とは何か

(1) 成人期への移行の時期としての若者期

本章では、若者期とは何か、そこにどのような課題があるのかを確認し、そのうえで、若者政策の概要を示したいと思う。

青年期から成人期への移行の構造が変化している実態を反映する用語として、近年日本においては行政用語としても一般用語としても青年期を使うことは少なくなった。青年期という用語は、過去から現在まで心理学的な文脈で使われることが多い用語だったが、社会学の分野では青年期ではなく若者期（youth）を使う傾向がみられる。若者期は社会学的な研究の対象とされる社会的概念で、今日では10代の半ばから20代、場合によってはそれ以上に拡大されている。このように定義された若者期の中身は多様で、経済的・社会的にほとんど自立していない学校段階の10代から20代前半期、経済的にはまだ親に依存している20代半ばから後半の若者、かなり自立した生活を送り他者に対する責任も負っているが、自分自身の家族を持っていない未婚者、さまざまな事情を抱えて安定した生活基盤を持てない中年期に近い人までを含むというように、今では若者期は青年期よりずっと長い人生の期間となっている。

本節で述べることは、筆者が過去に何度か書いてきたことであるが、本書の目的上省くことができないので、再度記述しておきたい。学校卒業・就職・結婚・親になること、という規則正しい人生行路は工業化時代に確立したものである。工業化社会の移行モデルとは、子ども期から成人期までの一本の順序立った連続的な移行ルートを歩むことだった。新卒者に対する新規一括採用制度が一般化したことは、日本特有の太いレールを生み出した。移行期にある若者の課題を列挙すると、(1)安定した職業生活の基礎固めをする、(2)親の家を出て、独立した生活基盤を築く、(3)社会のフルメンバーとしての権利を獲得し、義務を果たすことができるようになる、(4)社会的役割を取得し社会に参画する、などである[1]。

ところが、欧米諸国では1980年代以後、移行期が長くなるだけでなく、一歩一歩目的に近づくような「直線的移行」から、より複雑な「ジグザグな移行」へと変化した。移行パターンの個人化・多様化・流動化が始まったのである。完全雇用社会の終焉、結婚制度の変容、国家財政の悪化による福祉国家の後退などが相まってのことだった。「最終学校を卒業して就職し定年まで働き続ける」という表現も現実に合致しなくなった。学ぶことが青年期までに完了する時代から生涯学習の時代へと転じている[2]。学校を卒業して仕事につき、自分の家庭を築くという工業化社会の移行モデルと、そこに付随した生活標準が、自明のことではなくなったのである。

このような状況を前に、「一人前」とはどういう条件を満たした状態なのか、「大人」の地位とは何を指すのか、それが年齢とどのような関係を持つのかという問題は、現代社会が直面する興味深いテーマとなっている。青年期から成人期への移行をシティズンシップの権利を獲得するプロセスととらえようという考え方も登場している。この定義によれば、成人期の定義には、結婚していること、子どもの親であること、(男性であれば)家族を扶養していることなど、これまで一人前の条件とされたものは考慮されない。どのような形であろうと、「社会へ完全に参加した状態にある時期」である。より具体的にいえば、選挙権、労働の諸権利、社会保障の諸権利等の一定の年齢に達することで与えられるシティズンシップの権利を獲得するだけでなく、その権利を実際に行使することのできる地位を得た状態が成人期であり、社会に完全に参加した状態にある時期と考えられる▼3。それだけ、成人期の形は多様であることが承認されているのである。しかし、変容する移行期は、新たな社会課題を生むことになった。

(2) 成人期への移行に関する社会的関心の高まり

変容する若者の移行期の問題のひとつは、雇用問題に端を発する若者の社会的地位（シティズンシップ）の弱体化という問題であった。仕事を通して完全なシティズンシップを獲得するという基準からすれば、若年雇用の流動化・不安定化はシティズンシップの根底を揺るがす問題である。それに加えて、安定した生活基盤を築くことが困難な若者の増加という事態は、社会の構成員としての役割取得を延期させ、アウトサイダーと化していく若者たちを増加させることにもなる。しかも、新自由主義の流れの中で、自己選択と自己責任が強化されたため、不利な状況に置かれた若者たちの周辺化が進行する。とりわけ、貧困その他の複雑な事情を抱えた家庭で育ち親の支援を受けることができなかった若者、不登校が続いた若者、退学や早期に学校を離れた若者、障害や疾病のある若者、外国ルーツの若者などが、移行期のリスクにさらされるようになった。

このような状況の中で、若者のシティズンシップが政策課題となる。欧米諸国では、1990年代初頭から、若者や移民など福祉国家の基本的諸制度（失業保険、健康保険等）から漏れ落ち生活の基礎的なニーズの充足が困難で、社会参加やつながりが断たれる人々が増加した。これらの人々を、社会的排除という用語で表現するようになったが、若者に関してもこの用語が適用されるようになった。若者を取り巻くこのような変化が現代の若者政策が登場する背景にある。日本は欧米諸国に遅れて、１９９０年代の後半から21世紀にかけて、同様の状況が始まった。

（3）アンダークラス化する若者の増加と脆弱な生活保障の体制

若者が不安定化する兆候が見え始めた２００２年に、筆者は「若者が社会的弱者に転落しつつある」と警鐘を鳴らした▼4。その頃すでに欧米諸国では、失業問題に代表される若者の危機がより明確化していたために、若者への取り組みが進んでいた。それに比べると日本の変化は20年遅かった。21世紀に入ってから、非正規雇用者、無業状態の若者が顕在化する中で、国の若者施策は開始された。「若者自立・挑戦プラン」（２００３年）、「ジョブカフェ」（２００４年）、「若者の自立・挑戦のためのアクションプラン」（２００４年）、「若者自立塾」（２００５年）、「地域若者サポートステーション」（２００６年）をはじめ、さまざまな支援プログラムが展開したが、就労支援が中心の取り組みであった。「若者雇用促進法」（２０１５年）により、就職準備段階から就職活動期、就職後のキャリア形成までの各段階において、総合的かつ体系的な若者雇用対策を行うための立法措置が講じられた。その後、「ひきこもりサポート事業」（２０１８年）「ひきこもり支援ステーション事業」（２０２２年）等も始まった。より大きな事業としては「生活困窮者自立支援制度」（２０１５年）によって、若者に限らず人々が直面する生活困難に対処しようとする施策も始まった。若者支援活動が広がるにしたがって、支援の必要な若者の多様性が明らかになり、労働の範疇だけで対処することの限界が見えてきた。複合的な生活困難を抱える人々の数は減じることなく続き、２０２０年に始まった新型コロナウイルス禍によって、悪化さえしている。

〝失われた20年〟に生まれ育ち実社会に出る若者たちの中には、〝暮らしが成り立つ〟という観念さえ持てない例も目立つようになった。今、若者期にある人々と、これから若者期に入る人々の中に、それまでの時代に確立した「結婚、持ち家・子どもの教育」がセットになった標準生活（中流生活）を営むことのできない人々がさらに増加していくことが予想される。このような若者たちの現状を筆者はアンダークラス化する若者と捉えた▼5。アンダークラスとは、不安定な雇用、際立つ低賃金、結婚・家族形成の困難という特徴を持つ一群であり、従来の労働者階級とも異質なひとつの下層階級を構成する社会階層である▼6。筆者は、長期にわたる無業者もアンダークラスに接する層とみなし、両層を統一的に若者政策の重要テーマとした。アンダークラスおよび無業者の就業状態は、非正規雇用、半失業者、低所得、所得なしを特徴とし、ライフコース的には、親からの独立や結婚・家族形成の困難な若者たちである。

就労に限らず、若者の生活を守る社会体制は今なお極めて脆弱である。かつては、学校卒業と同時に大半の若者が入職し、賃金と社会保障の権利を手にした。若者の生活は基本的に勤労所得で賄われたため、職を得られない若者や、諸事情から働くことのできない若者に対する社会保障は未発達であったが、今ほどの広がりはなかったために社会問題として認識されなかった。ところが、2000年代に入って以後、学卒後に、安定した職を持てず、親の扶養で生活するか、親の扶養に頼れないで困窮するか、社会保険に未加入、職業訓練の機会も限られた若者が急増した。諸事情を抱えて生き難さに悩む若者も目立っている。経済成長期に確立した諸制度が、今や、若者を守る制度として機能しないという状況が根底にある。

これらの若者の窮状を前に、さまざまな若者支援サービスが生まれたが、カバレッジは低く、生活保障のレベルは低いままで、サービスの恩恵を受けることなく放置される例が後を絶たない状態である。

2　若者政策とは何か

(1) 社会に向けて飛び立つことを支援する政策

成人期への移行を見守り自立を保障する政策体系を若者政策という。構成する要素としては、学校から労働市場へのスムーズな移行を支援するキャリア教育や就職支援、相談サービスや情報提供、就労支援、経済給付、住宅支援、その他の生活支援サービスがある。これらの要素のセットを自立支援型社会保障と呼ぼう。若者が社会に向けてすみやかに飛び立てることを目的とする制度でもある。

自立支援型社会保障は参加支援型でもある。宮本太郎は、生活保障の諸政策の中で、人々の生活に直接係わる領域を参加支援の領域と位置づけている。それは、人々の社会参加を妨げる要因を取り除き、就労やさまざまな社会活動への参加を促していく。参加支援とは、社会への参加を可能とする翼を与える「翼の保障」だという。それと対照的なのは、20世紀型福祉国家が提供してきた「殻の保障」で、失業、困窮、老齢による男性稼ぎ主のライフサイクルの典型的リスクを主な対象として、失業手当、公的扶助、年金などの現金給付によって身を潜める「殻」を提供するものである。それに対して「翼の保障」とは、性別・年齢を問わず、人々が社会参加を続けることを困難にする多様なリスクから脱却して、引き続き社会とつながり続けるための「翼」を提供するものだという[7]。

若者政策を考える立場からみて、この用語は若者のニーズを言い当てた概念だといってよい。学校から仕事の世界への移行、無業状態から仕事の世界への参入、病気やひきこもりの状態から社会生活への復帰、支援サービスにつながる等、若者が社会とつながるさまざまな経路が用意され、その道を渡るために必要な情報、相談、トレーニングやリハビリ、経済支援、住宅等が社会への参加のために利用可能な状態は、まさしく「翼の保障」といえるものである。

社会に参加するための保障は、経済・非経済の両面で人としてあるべき質量を兼ね備えた生活水準を担保する生活保障でもある。生活保障の担い手は第一義的には国家にあるが、国家による公的保障だけでは充足されない。本書は、公的保障を中軸に据えながらも、官民の若者支援サービスによって構成される環境の整備が必要だという立場をとる。若者の生活の土台は、家族、職場、国家によって担われている。本人だけの努力では守られない。ところが、一定数の若者が、家族からも雇用からも国家の社会保障からも排除されて生計を立てることの困難に直面し、社会的にも孤立している。しかもそうした若者は増えている。

青年期から成人期への移行を構成する、「学校から仕事へ」「親の被扶養者から自立した経済主体へ」「親の家から自分自身の家庭へ」「親を通した社会保障の権利から、完全なシティズンシップへ」は相互に関連しており、それらの移行を達成することが、若者の自立と自律性を獲得することであると理解し、それを保障することが若者政策の中核をなす。ここで重要な点は、若者とは自立を目標としつつ、社会的支援の対象でもあるという認識であり、とくに、不安定な生活基盤しかもてない若者が増加している事態に対する社会的取り組みが重要施策として位置づけられていなければならない。

(2) 生活の保障・参加機会の保障

若者の生活保障はまず、雇用と社会保障を結びつけて把握することが必要である。若者は、社会に出る準備としての適切な教育を受けることができ、その後適切な就労の場を得ることができ、結婚・家族形成ができるだけの所得、住宅、子どもの養育環境等が保障されなければならない。障害や疾病や親の介護のために就労による所得では暮らせない場合は、不足を補う所得が必要である。

若者政策は若者自身のために必要であるだけではない。社会の支え手である若者世代の安定した移行を支える環境の整備が、社会を維持するための必須条件なのである。宮本太郎は、「支える側」である現役世代を広く支え直し、彼ら彼女らがその力を発揮できる条件づくりが必要だとする▼8。若者の生活保障は、まさしく「支える側」を支え直す柱といってよい。

しかし、これと並ぶもうひとつの柱が必要である。高齢者や障がい者や長期疾病者など「支えられる側」が積極的に社会とつながることを支援すること、つまり「参加機会の保障」による支え直しが、支え手を支えることとセットでなければならない。若者に関していえば、疾病や障害、家族のケアその他さまざまな理由で無業やひきこもりの状態にある若者が社会に参加していくことを重視する取り組みが強化されなければならない。これは社会的包摂政策として位置づけられる。「支える側」を支え直し、「支えられる側」の社会への参加を広げていくための取り組みに多くの人々が参加することを宮本太郎は共生保障といい、ここに新しい時代の生活保障の形があるとしている。

(3) 国の定める若者期の施策

思春期から青年期・成人期への移行期にある若者に係わる国の施策(2022年度)として、つぎのような項目があがっている。

◎就職支援と職場定着、非正規雇用労働者の正規雇用への転換、学び直しの推進など、若者の雇用の安定化と所得向上、セーフティネットの確保

◎専門学校生への就職支援を強化するため、新卒ハローワーク等に就職支援ナビゲーターを新たに配置し、専門学校への出張相談、ガイダンスの実施によるプッシュ型の就職支援、希望業種の求人の開拓や類似業種の求人とのマッチング支援等を重点的に実施

◎若者の社会参加・社会貢献活動への表彰や活動事例の周知

◎子ども・若者支援地域協議会等による相談支援等の促進

地域協議会の活動再編・活性化のための体制整備▼9

◎要保護児童対策協議会や子ども・若者支援協議会等の活動再編・活性化を図るため、効果的運営のための手引きの作成、地方公共団体への説明会の開催、相談対応等、地域における子ども・若者支援体制の整備推進

◎子ども・若者支援協議会、子ども・若者総合相談センターごとの事業を一本化し、内容を整理・合理化。センターのみを対象としていた会合や研修を、協議会・センター両方を対象とする全国サミット、地方キャラバンに変更

◎ひきこもり状態にある若者や家族の状況に応じた相談・支援の推進。ひきこもり地域支援センターの設置主体を拡充する等、より身近な基礎自治体における相談窓口の設置や支援内容の充実を図る、都道府県がバックアップする体制を構築する。

◎若者の孤立・孤独を含め、孤立・孤独に関する実態把握と対策の実施。過去、別々に実施してきた、ひきこも

り等の行動面と、自己肯定感や居場所に関する認識など意識面の調査をあわせて実施する。さらに、子ども・若者世代の特性や問題を明らかにするため、中高年世代にも同様の調査を行う。これらの結果を多角的に分析することにより、エビデンスベースでの改善等に資する。

◎結婚・妊娠・出産・子育てに夢や希望を感じられる社会を目指す（若い世代の結婚や妊娠への不安や障壁の解消）

・若い世代の経済的基盤の安定（若者の就労支援、正社員転換や待遇改善）
・同一労働同一賃金に向けた取り組み
・地方自治体による総合的な結婚支援の取り組みに関する支援
・児童手当の支給、子どもの数等に応じた効果的な給付のあり方の検討
・義務教育段階において、経済的な理由により子どもの学用品費や学校給食費の支払いが困難な保護者に対する就学援助の充実
・就学支援金や奨学金等による高校生等への就学支援
・授業料の減免や給付型奨学金の対象拡充など大学生等への就学支援、多子世帯に更に配慮した制度の充実の検討

これらの支援施策が、若者期の「翼の保障」となっているのかどうかが、これ以後の本書の関心である。それは、次章からテーマ別に詳細に論じている。

（4）積極的な社会的包摂をめざす

前段までで見てきた通り、21世紀に入って以後若者に関する施策や取り組みは決して少なくはなかった。それ

にもかかわらずなぜ、若者の生活保障の脆弱性を解決することができないのだろうか。

ここでも宮本太郎の理論を援用して、日本における若者政策の欠陥を整理してみたい。若者政策の柱となる労働政策に関して、宮本はアメリカ、イギリスなどのアングロサクソン型、スウェーデンやデンマークなど北欧型、そして日本の3類型を比較している。アングロサクソン諸国では、一時的な景気浮揚と公的扶助を用いながら、福祉を受給する若者層に就労支援を強化し就労することを迫るアプローチが重視された。ワークフェア型就労支援策である[10]。他方、北欧諸国では、経済給付つきの職業訓練や職業紹介、さらには家族ケアサービスなどで、現役世代男女の就労支援に力点をおいた施策がとられていた。これをアクティベーション型就労支援策という[11]。ただし、アクティベーション型就労支援は、何らかの事情により労働市場と仕事から遠ざかっている人々――「不活発(inactive)」であるとみなされる人々――を、しばしば制裁措置をともなう義務として「仕事(work)」または職業訓練・教育プログラムへ参加するよう促し、そうすることで社会的給付を削減し国家の財政負担を軽減することをねらった面もあり、時にはワークフェア型と同質の傾向を持つとして批判されてきた。

日本は、小泉構造改革のさなかに海外の若者支援施策のアイディアが取り入れられたが、基本的にはアングロサクソン諸国経由のワークフェア型を参考に、具体化された。しかし、日本の若者支援がアングロサクソン諸国と本質的に違ったのは、日本においては若者の「福祉」に相当する部分をもともと持っていなかったことだったと宮本はいう[12]。就労困難な事情を抱えた若者の支援をする地域若者サポートステーションを利用する若者を例に引いてみよう。2006年にスタートしたこの事業は、就労の困難を抱える若者に、相談・セミナー・職場体験・就労支援をしている。しかしここでは、生活扶助費はおろか交通費さえ支給されてはおらず、親の経済支援がなければ、利用することもできない状態が続いている。その他の各種就労支援も、経済支援との交換条件で就労への努力を続けて成果をあげるという設計ではなかった。その結果、利用率は高まらず、途中で利用をやめてしまうこともしばしば生じている。つまりワークフェアはおろかアクティベーションにもなっていなかったのである。プログラムに参加する若者の就労率が問われたとはいえ、経済給付が動機付けとなって若者をプログラムに参加させる力も、そこに留める力を持ってはいなかった点に、日本の若者政策の根本的な弱さがあったといわざるを得ない▼13。

欧州におけるアクティベーション志向の制度の動向を探った中村健吾によれば、ＥＵの全体をみると、貧困と社会的排除のリスクに直面している人々の数は、少しずつ減ってきているものの、過去10年間であまり変わっていない。ワーキング・プアは、ドイツを含むほとんどの国で増加傾向にある。就労者の増加が非標準的雇用に頼る仕方で生じ、そのためワーキング・プアが拡大するという因果関係にあるという。

ワーキング・プアの拡大をともなわない就業率の向上は、欧州委員会がユーロ危機以降にふたたび力を入れようとしている「積極的な社会的包摂」の「トライアングル・アプローチ」、とくに、「受動的な給付」を含む最低限所得保証を肯定的に再評価することによって実現するであろう、と中村は指摘する▼14。ここでの最低限所得保証への期待は、日本の就労支援の現場の期待と一致する。ひとつの例をあげよう。

（5）就労支援の中で見えてきたもの

前段でも例に引いた地域若者サポートステーション事業の悩みは、出口の選択肢が少なく、自立可能性のある出口支援ができにくい状態にあることだ▼15。とくに近年、利用者の中に精神疾患、発達障害等の理由で就職困難度の高い人が増加していて、出口問題はよりいっそう深刻になっている。同様の問題は、2015年にスタートした生活困窮者支援制度においてもみられる。

このような状況を前に、就労支援の内容には進化が見られる。「まだ自信はないけれど働きたい」「自分にもできそうな仕事ならチャレンジしてみたい」という相談者が、就労に向けてステップアップできるようにサポートする方法に〝業務切り出し〟という方法がある▼16。いわゆる求人情報に本人を合わせるのではなく、業務をいくつかに分解し、本人が得意なことやできることを任せていくことで、本人にも職場の人にも働きやすい環境づくりを行うというものである。業務分解は、メンタルダウンした社員が即退職に追い込まれないための回復支援プログラムとして活用できるという考え方から出たものである。

具体的に説明すると、企業や農家など協力事業所に「業務の切り出し」をしてもらう。「業務の切り出し」は、相談者の強みを活かす就労支援のカギであると同時に、うまくマッチングできれば、受入れ側にとっても助かる手法である。次は、協力事業所で切り出してもらった仕事を相談者にマッチングする個別の就労支援を、地域の就労支援の仕組みへと展開する課題である。その方法のひとつが、体験プログラム等のツールの活用である。企業等で切り出した業務を体験用などに「プログラム化」し、就労支援機関や無料職業紹介窓口で紹介できるようにする。

「プログラム化」するとは、切り出した作業等の詳しい内容や働く環境、求められる能力、確認できるスキルや能力を明確にするなどし、相談者が参加しやすくするものである。働くことに困難を抱えた若者のそれぞれの特性やステージに応じて、体験や短時間・短期雇用にチャレンジすることができるようになる。もし、このような活動が地域になかったら、若者は無業の状態のまま放置されてしまうだろう。このような就労支援の担い手は、地域における多様な団体・機関である。これらの関係者が集まり、対話をすることから事業の展開が始まるのである。このテーマは、第3章で詳細に扱っている。

しかし、このような就労支援によって生計が成り立つようになるのかという根本的な問題がある。実際には、「就業者が雇用による収入によって経済的に自活できる」という前提は崩れてしまっている。それを見据えた政策をとらなければ、先に述べたようにワーキング・プアが量産される恐れがある。それゆえ、勤労収入、経済給付、住宅手当、子どもの養育・教育援助等を組み合わせれば生活が成り立つような人間らしい暮らしを保障する社会保障制度に変える必要がある。その前提があってはじめて就労支援は意味のあるものになる。

3 若者が権利の主体となるために――生きるために大切なこと

生活困難に陥っても、身を守ってくれるはずの制度を知らない若者は圧倒的に多い。生活保護制度をはじめ社会保障制度の大半は、本人が役所を訪ね、制度を理解し申請をしなければ何ひとつ始まらない、つまり申請主義のため、支援から排除されている例が非常に多いのである。また、若いのに社会保障の恩恵を受けることを後ろめたく思って利用しないままの例も少なくない。いつ、生活困難に陥るか知れず、しかも孤立・孤独に陥りやすい今、いざとなった時にどうしたら脱出できるかを早いうちに身につけておくことが必要である。

このことの重要性を気づかせてくれる書籍がある。横山北斗の『15歳からの社会保障』▼17である。若者期にぜひ知ってほしいことがわかりやすく、しかも、説得力をもって紹介されている。本の構成が興味深い。若者が遭遇しやすい事例を、代表的な10人の物語を取り上げて紹介し、社会保障制度がどのように役立ったかを具体的に説明していく。10人とは、

①ケガで仕事を休まなくてはならず、医療費と生活費に困ったユウジ
②アルバイトができなくなり、生活費や家賃の支払いに不安を抱えているサトシ
③住む場所がなく、食べるものに困ったシンジ
④高校生で妊娠し、生活に困ったマミ
⑤ひとりで子どもを育てることになったマサト
⑥発達障害の子どもを育てるジュンとマコ
⑦会社でハラスメントを受け、体調を崩したエミリ
⑧交通事故で車イスが必要な生活になったノブオ
⑨おばあちゃんと弟の世話をしなければならないサクラ
⑩家族から暴力を受けているミユキとトモキ

社会保障制度に関する書籍はたくさんあるが、若者にすぐ役に立つ書籍はなかったといっていい。本書の優れた点のひとつは、「もしそのような状況にあったとしても、あなたを大切に思い、サポートしてくれる人や仕組みが社会に存在していることを、忘れないでください」というメッセージで、それを具体的に描いている。優れた点のもうひとつは、社会保障制度について知っていることで、自分はもちろんのこと、身の周りの人が困った

時に、「こんな制度があるよ」と伝え、助けることもできるのだというメッセージである。たしかに、10人の物語には必ず重要な他者が出てきて、困難から脱出するためのきっかけを与えてくれている。例えば、医師、大学の指導教員、職場の仲のよい同僚、支援団体、相談員、スクールソーシャルワーカー、スクールカウンセラー、担任、養護教諭、友人、医療ソーシャルワーカーなど多岐に及ぶ。これらの人たちのアドバイスや情報提供や具体的な支援がなければ、10人の若者は制度を利用することができず、困難から脱出することは難しかったに違いない。

横山は、「おわりに」でつぎのように述べている。「個人が社会保障制度を知ることと同じくらい、いえ、それ以上に国や自治体が社会保障制度の情報を必要な人に届け、利用しやすくするための取組を積極的に行うこと、つまりは社会保障制度を申請する権利の行使をサポートする施策が重要なのです」。

「行政が利用できる制度をお知らせしてくれるプッシュ型の行政サービスや、利用条件を満たしている人が拒否しない限りは自動的に制度を利用できる仕組み、オンラインでの申請などが実現すれば、社会保障制度は今よりずっと利用しやすくなるに違いない」という。

生活困難者が増加しているこの社会において、あらためて社会保障制度が誰にとっても身近なもので、容易に利用できるものへと変えていく必要がある。

4 若者のシティズンシップと参画政策

(1) 子ども・若者の権利保障と参画施策の登場

若者政策の最後は、若者のシティズンシップと参画保障である。2023年4月に施行された「こども基本法」によって、子どもや若者の権利を守り、最善の利益を優先すること、そして子どもや若者の意見表明権が定められた。とくに子どもや若者に係る政策の立案・実施・評価のプロセスでは、子どもや若者、子育て当事者からの意見聴取・反映が重要な柱となった。また、多様な社会的活動に参画する機会の確保が定められた。

思い起こすと、1996年に子どもの権利条約が批准されたことをもって、当時の政府は子どもの権利は守られているという見解をとり、国内法の整備を行わなかった。現実には、条約を国内法に落とし込まなければ、その理念や実践はなかなか浸透しなかった。子どもの権利擁護はもとより、子ども・若者の意見表明や社会参画は、子ども・若者政策とはならなかったのである。

成年年齢を18歳に引き下げるかどうかの検討が始まった頃の状況を紹介したい。

日本は2007年に、憲法改定の手続きを定めた国民投票法が成立（2010年施行）したことを踏まえて、法務大臣の諮問を受けた法制審議会民法成年年齢部会が、民法成年年齢を引き下げるかどうかの審議を始めたのは2008年である。筆者はこの部会の構成員だった。それと並行して法務省と新聞数社がいっせいに「18歳成年年齢」に関する世論調査を実施した。また、同部会は高校生と大学生を対象に聞き取り調査も実施した。これらの調査結果に共通したのは、成年年齢の引き下げに対して「現行のままで良い」が過半数に達したことであった。この傾向は若い年齢層でも大きな違いはなかった。インタビューを受けた高校生のほとんどは、「突然18歳に下ろされても準備ができていない。大人として行動する自信がない」「今のままで良い」という感想であった。法制審議会の部会においても、少なくとも前半では、18歳に下げることに賛成意見を述べたのは、筆者など少数の構成員だけであった。しかし1年半に及ぶ審議を経て、部会は「条件整備することを条件に18歳に引き下げる」と決定して法務大臣に答申した。それから10年以上の歳月が流れ、2022年に成年年齢は18歳に引き下げられた。しかしこのテーマに関する国民の関心は一貫して低調だったといわざるを得ない。

このテーマに関する議論で気になるのは、「成年とは、自立した大人に達した状態である」という誤った認識である。この認識でいけば、20歳という成年年齢すら妥当性が疑われることになるだろう。しかも、自立した大人と認められる状態に達するまでは未成年（真の大人ではない）として扱うということになれば、「いつまでも未熟な子どものままで困ったものだ」と一蹴するだけで、何の変化も起こらないだろう。実際のところ、「若者の意思決定への参画の推進」は社会政策とはなってこなかった。若者の社会保障制度はもっとも遅れた分野であることはすでに述べたが、いつまでも親の責任にゆだねられている国情は、若者の自立の権利を保障しようという海外の動きに逆行するものであった。それから10年以上の歳月が流れ、ようやく2023年にこども基本法施行の段階に到達したのである[18]。

こども基本法が実現したのは、子どもの状況が大きく変わったことへの危機感が高まったからである。例えば、小中高生のいじめの認知件数は8万件から52万件へ10年間で約7倍に増加、小中高生の自死は500人を超え、小中学生の不登校は20万人を超えている。児童相談所が把握した児童虐待は21万件で、10年間で3・5倍に増加。

また、7人に1人の子どもが貧困状態に置かれている。これらの状況と並んで、自分に満足と答える子どもは45・1％、自分には長所があると思う子どもは62・3％と、工業化された国の中で最も低く、加えて、自分で国や社会を変えられると思う子どもは18・3％と最低水準にある。働く若者の3割強が非正規雇用者で、10代から20代の所得は過去20年間減少が続き、全年齢の最低水準にある。若者の不安定雇用や低所得が結婚や出産を阻害して、少子化の最大の原因になっていることを政府や経済団体も認めざるをえない段階に至った。子ども・若者の権利が今、ようやく政策の中に登場した。これが2023年4月なのである。

(2) 欧州における若者政策と積極的シティズンシップ

少子高齢化が進み、若年人口が減少する先進工業国で、「若者の自立と社会参加」を促進するというテーマは、いまや、若者政策の中核に位置づけられている。とくに、社会への参加を促し、意思決定の場に参画させようという施策が、1990年代から、欧米諸国で積極的に進められてきた。住民投票に関していえば、その年齢を未成年に下げる動きもみられる。この点で、日本は明らかに出遅れていることはすでに述べた。若い世代の意見を社会に反映させることが、この世代の利益を守ることにつながるという理由と、将来の市民として職業人として、社会の担い手を育てることになるという理由の両方が自立と参加促進政策を支えている。その点で日本における子ども・若者政策は相当な年月の遅れがあった。

欧州諸国では1980年代後半以後、変容する「若者の移行期」に焦点をあてた新しい議論が展開し、新たな若者政策が形作られていく。それは、若者が親から独立して自分自身の生活基盤を築く権利（自立の権利）をシティズンシップとして認め、雇用、教育・訓練、家族形成、住宅、社会保障、余暇等の一連の施策によって、成人期へのすみやかな移行を保障しようとする政策体系である。その際ベースに置かれたのは、若者の権利を認め、意思決定のプロセスに参画するとともに、社会の一員として社会に参加することに価値を置く理念である。

２００１年に欧州委員会が著した「２００１年若者に関する白書」では、三つの柱が設定されている[19]。

①若者の積極的シティズンシップ

若者の社会的統合をシティズンシップとして位置づけ、社会への参画を大胆に進めようという政策。

②経験分野を拡大し認識の幅を広げる

高学歴社会における若者は社会経験不足というジレンマをかかえているという認識のもとで、打開策として「経験」が強調されている。若者のシティズンシップのセンスは、フォーマル教育を通した理解より、さまざまな領域における体験によって得られる。若者の移動性を高めることや、ボランティア活動などの新しい分野を開発し、教育と訓練の政策にこれらの活動をつなぐことに優先順位を置くべきであることが提起されている。

③若者の自律性を促す

若者にとって自律性は極めて重要な要求である。自律性は自分が利用できる資源、とくにお金や住宅や生活物資などの物的資源によってもたらされる。それゆえ収入の問題は決定的である。若者の生活は、雇用や生活保障、労働市場政策をはじめ、住宅や交通に関する政策からも影響を受ける。これらはすべて若者の自立を促すために必要なものであり、彼らの視点や興味を考慮に入れながら開発していくべきである。したがって、若者政策は特定分野に限定されたものではなく、若者の生活を支える全体論的（ホリスティック）なアプローチでなければならない。しかし、その中でも物的資源が強調されている点に移行政策の特徴がある。

欧州における若者の意見表明権と社会参加（とくに意思決定への参画）に関する流れについては、第9章で詳細に紹介される。

大村敦志は、児童期から成人期に達するまでを次のように四つのステージに分けている。①10歳（または12歳）までを幼年とする。より立ち入った保護を与える必要がある。②15歳以上18歳未満を準成年とする。より広い範囲で社会参加を促す必要がある。③18歳（20歳）以上25歳（または26歳）未満で、初成年とする。自立性を認めつつ、社会的支援を行う段階である[20]。この構想は、現代の若者観に合致する提起と思われる。

現実の若者の実態が大人といえるのかどうかを問題とし、「何歳が成年年齢として妥当か」を議論しようとするが、それは間違いであろう。成年年齢とは、成人としての世界へ入るためのスタートラインとみるのが妥当といえよう。ということは、そのための準備こそが社会的に取り組む必要のある課題なのである。

少子高齢化する社会では、年長者の発言力が増し（シニア・デモクラシー）、年長世代の利益が優先される危険性がある。将来を見据えた政治を実現するためには、現在から未来に向かって生きていく世代の政治参加・社会参加が必要であることはまちがいない[21]。

18歳を、大人の世界に向かって歩み出すスタートラインとすれば、青少年がそれまでにしておくべき準備がある。そのひとつは、市民としての教育である。２００６年に経済産業省に設置された「シティズンシップ教育と経済社会での人々の活躍についての研究会」（筆者が委員長）は、シティズンシップ教育の必要性を、シティズンシップ宣言として提起した。それから15年以上の歳月が流れているが、あらためて、それを引用しておきたい。

若者が社会のメンバーとして地位と役割を果たせるようになるには、「①社会の一員として、地域や社会での課題を見つけ、②その解決やサービス提供に関する企画・検討、決定、実施、評価の過程に関わることによって、③急速に変革する社会の中でも、自分を守ると同時に他者との適切な関係を築き、④職に就いて豊かな生活を送り、⑤個性を発揮し、自己実現を行い、⑥さらによりよい社会づくりに関わるために必要な能力を身につけることが大切である」（①②などの番号は筆者が加えた）。

「一方で、こうした能力を身につけることは、いかなる人々にとっても、個々人の力では達成できないものであり、家庭、地域、学校、企業、団体など、様々な場での学びや参画を通じてはじめて体得されうるものである。上記のような能力を身につけるための教育、すなわちシティズンシップ教育を普及して、市民一人ひとりの権利や個性が尊重され、自立・自律した個人が自分の意思に基づいて多様な能力を発揮し、成熟した市民社会が形成されることを期待する」▼22。

若者の自立を保障するものは、シティズンシップ教育に限らない。社会で生きていくためには、法教育や消費者教育の強化が不可欠だ。また、キャリア教育や職業教育など、職業人となるための知識やスキルを体得するための教育もぜひとも必要だ。くらしを営むための生活教育や、家庭を作り親となるための親教育も必要だ。

これらの教育は、学校での座学だけでなく、実社会の体験的な学習を大胆に入れてこそ効果が発揮される。大人になる過程で必要な情報の提供や相談事業の整備も必要である。成年年齢の引き下げ、および若者の参画政策の登場を踏まえて、若者が働き、遊び、人と結びつき、社会的スキルを学び、たくましい大人へと成長することのできる社会環境や社会システムをたくさん作ることに、真剣に取り組むきっかけとしたいものである。

5　おわりに——若者政策の課題

若者政策を確立するために解決しなければならない課題は多々ある。それを列挙してみよう。

○現行の若者向けの社会保障は手薄で、就労所得の不足を補う手段がほとんどない。不安定就労者が増加し、社会保険未加入者が増加している中で、所得保障の手段を持たない若者の増加は大きな問題である。この問題に関しては第4章で詳しく述べる。

○低所得または収入を失った若者が安心して住まうことのできる住宅または住宅手当がほとんどない。住宅付きの職場で働いていた若者は、職を失った途端に家も失ってしまうが、救済する方法がない。この問題に関しては第5章で詳しく述べる。

○若者支援サービスの大半が経済給付をともなっていないため、お金のない人は支援サービス（例えば就労支援）を受ける余裕がない。交通費を工面できないために地域若者サポートステーションを利用できないというような現象が珍しくない。つまり、若者支援サービスの大半は親の扶養を前提に成り立ち、所得保障なしの若者支援サービスになっている。この問題に関しては第4章で詳しく述べる。

○若者就労支援サービスには、「自立」という出口が担保されていない。さまざまな困難な事情を抱える若者が、就労支援を受けて生計が成り立つような仕事を得るチャンスが少なく、見通しが立たない就労支援になっている。この問題に関しては第3章で詳しく述べる。

○若者支援サービスは、必要としている若者に十分手が届いていない（低いカバレッジ）。とくにアンダークラスは放置されている。その理由の一端は、公的責任があいまいのままで、所得保障なしの支援サービスであるために、利用するかどうかは本人の意思にゆだねられているからである。アングロサクソン国のワークフェア政策にもなっていないあいまいな政策になっている。

○制度として必要なものは、社会保険と生活保護の間を埋める所得補償、住宅（費）保障、子どもの養育・教育費保障、経済給付つきの職業教育・訓練保障、雇用の保障、雇用に代わる就労の場（中間的就労、社会的企業など）である。これらの総合力によってアンダークラス化は防止できる。

○多くの若者支援サービスは民間団体頼みで公的責任が不明確である。民間団体は、安い行政委託費や助成金や寄付で活動していて、行政委託の場合は公的締めつけが強い。1年ごとに入札で受託が決まるような方式では、民間団体の支援サービスの持続性を担保することはできない。しかも近年、民間委託は市場化と低価格競争の波にさらされている。

これらの課題を解決することを通して、若者政策というものを確立したい。この政策がめざすのは、すべての若者に多様なチャレンジの機会があり、移行のリスクを軽減するクッションがあり、誰でも安定した生活基盤を築くことができるような政策体系である。

注

1 宮本みち子（2015）「序章　移行期の若者たちのいま」宮本みち子編『すべての若者が生きられる未来を――家族・教育・仕事からの排除に抗して』岩波書店

2 リンダ・グラットン、アンドリュー・スコット著　池村千秋訳（2016）『LIFE SHIFT（ライフシフト）』東洋経済

新報社
3　ジル・ジョーンズ、クレア・ウォーレス著　宮本みち子・鈴木宏訳（1996）『若者はなぜ大人になれないのか――家族・国家・シティズンシップ』新評論、pp.43-52
4　宮本みち子（2002）『若者が社会的弱者に転落する』洋泉社
5　宮本みち子・佐藤洋作・宮本太郎編著（2021）『アンダークラス化する若者たち――生活保障をどう立て直すか』明石書店
6　橋本健二（2018）『アンダークラス――新たな下層階級の出現』ちくま新書
7　宮本太郎（2009）「第5章　排除しない社会のかたち」『生活保障――排除しない社会へ』岩波新書
8　宮本太郎（2017）『共生保障――〈支え合い〉の戦略』岩波新書、pp.46-52
9　協議会未設置市町村の設置に向けた働きかけや、先進事例の紹介・支援方法等の知識の付与・人材育成
10　「work（労働）」と「welfare（福祉）」を組み合わせた造語。福祉の目的を就労の拡大に置き、公的扶助などの福祉サービスを受けるのであればその条件として就労が求められる制度の型。
11　アクティベーションの内容は国によって違いがあり、「ワークフェア」に近い政策モデルを内包しながらも，「ワークフェア」より広い射程を有しているため、各国の特殊な環境や事情を超えて受容されやすいものとなっている。
12　宮本太郎（2021）「第11章　若者支援の政策理念」宮本みち子・佐藤洋作・宮本太郎編著『アンダークラス化する若者たち――生活保障をどう立て直すか』明石書店
13　宮本みち子（2015）「若年無業者と地域若者サポートステーション事業」『季刊社会保障研究』Vol.51 No.1
14　中村健吾（2019）「アクティベーション政策とは何か」『日本労働研究雑誌』No.713
15　宮本みち子、前掲書→注13
16　西岡正次（2021）「第4章　若者施策としての就労支援」宮本みち子・佐藤洋作・宮本太郎編著『アンダークラス化する若者たち――生活保障をどう立て直すか』明石書店
17　横山北斗（2022）『15歳からの社会保障』日本評論社
18　鎌田薫・大村敦志・岡田ヒロミ・笹井朋昭・宮本みち子（2020）「座談会 民法成年年齢引下げの施行と課題」『法の支配』No.196

19 Commission of the European Communities (2001) *European Commission White Paper: A New Impetus for European Youth.*

20 大村敦志（2007）「民法4条をめぐる立法論的覚書――『年少者法（こども・わかもの法）』への第一歩」『法曹時報』59巻9号1頁。（ ）内の年齢は、成年年齢を引き下げない場合。

21 高橋亮平・小林庸平・菅源太郎（2008）『18歳が政治を変える！』現代人文社

22 経済産業省（2006）『シティズンシップ教育と経済社会での人々の活躍についての研究会報告書』委託先：株式会社三菱総合研究所、pp.1-15

第2章

早期離学と進路保障

園山大祐

1　フランスにおける若者のセーフティネットを参考に

子どもの貧困、いじめ、児童虐待、ヤングケアラー、子どもの自殺、家庭内暴力、不登校など、日本の若者を取り巻く環境はいずれも悪化している。本章で扱う早期離学とは、前期中等教育以下の無資格退学を指すが、日本では話題となりにくい。なぜなら、97%が高卒となるほど学歴社会であるからである。しかし、その内実は、欧州とさほど変わらないと見てよいだろう。日本の学校で授業見学をすると、授業中に寝ている生徒、携帯をいじっている生徒、あるいは保健室登校のような隠れ不登校▼1がいることは誰もが知るところである。こうした生徒でも、中学校までは校長の判断で卒業判定できるため、形式卒業も存在し、中学校卒業程度認定試験や高校卒業程度認定試験の水準に満たない卒業生が存在する。こうした若者の存在にいち早く警鐘を鳴らしたのは、山田昌弘の『希望格差社会』や、内田樹の『下流志向』である。またこうしたポスト工業化社会におけるフリーターや、女性の下層（貧困）化の問題を指摘した小杉礼子や宮本みち子らの研究も注目された。第1章で触れているように、企業と家族のセットで編成された標準型ライフパターンが崩れた時にセーフティネットが弱いのが日本の現状である。非正規雇用が増えてきた1990年代末からの若者の働き方と家族形成の両立の困難性が貧困をはじめとする社会病理および教育病理として現れるようになった。

（1）欧州での社会病理とセカンド・チャンス教育

こうした社会病理現象は、欧州では1970年代のオイルショック以降現れ、社会政策および教育政策が実施されてきた。ただし、教育課程の修了には、国家試験に合格する必要があるため、早期離学率という意味において、形式卒業のように、学力が伴わないまま教育課程を修了することはない。したがって、当時は同年齢者の約3分の1が早期離学している。それでも、当時の欧州では、離学後に就職ができたため、社会問題化されにくかった。早期離学率が問題とされるようになるのは、1990年代末からである。

現在ヨーロッパ連合（EU）が早期離学を2030年までに9％未満に抑えようという数値目標を掲げたのは、根拠ある妥当な数値と理解できる。ドイツやオランダのような分岐型の教育制度において早期に職業系の中等教育学校に進路選択を強いられることで中退者は少なく、早期離学率が低く抑えられている。しかし、その内実には、不本意進路選択も紛れている可能性がないのか、検証が必要である。あるいは、進路選択に社会的な出自、ジェンダー、外国にルーツのある人などが偏っている分野がないのか、精緻な検証が求められる。日本においても、経済力と学歴には強い相関がみられることや、定時制、通信制高校に通学する生徒の社会的な出自に偏りがないだろうか、あるとすればなぜなのか。ジェンダーによる偏り、外国人生徒の進学格差など課題が多い。ようやく日本でも、不登校特例校の設置や、夜間中学校（夜間学級）の普及など、2016年の教育機会確保法制定以降セカンド・チャンス教育に該当する代替教育機関が用意され始めている。ただし、いずれも数的に限られているため、小規模の機関を全国の都道府県に隈なく設置する必要がある。そうした代替教育機関はメインストリームの学校教育課程の分校的な位置づけで、フランスのミクロ・リセやミクロ・コレージュ（小規模な高校と中学校）に近い内容のカリキュラムを設置する機関である。フランスにおいて小規模な学校であることには教育面以外に予算面でもメリットがある。メインストリームの学校に隣接させ、週当たりの授業時数の少ない教科の教員が隣接する小規模校と兼任することで予算を抑えることができる。日本においても少子化している今だからこそ、校区外の児童生徒に対して空き教室をうまく利用すれば、少予算と教員不足の中でも実現できる。さらには対象年齢の拡大、つまり学齢期以降の26歳くらいまでを対象とする無償の教育と訓練を提供することが必要と考えられる。こども家庭庁の設置に伴い、子どもの進路決定を18歳とせずに、むしろ18から22歳くらいを学校から労働への移行期として、手厚いセカンド・チャンス教育と訓練の機会保障、そして住宅保障を施すべきである。普通科以上に、職業に結びつく教育と訓練の場としての施設が必要である。

(2) フランスの二つの事例から考える

フランスのセカンド・チャンス・スクール（E2C）は、その意味で参考になるのではないか。国からの出資金もあるが、教育の内容と教授方法は、現場に任せている。学習者のニーズに応じた教育訓練課程が工夫されている。企業との連携による実地研修も用意されているため、就労への準備期間としても位置づいている。こうして、進路に迷っている若者のニーズに柔軟に応える時間と機会を提供している。

もう一つの事例である成人夜間高校（LMA）においても、脆弱な環境に育った若者が、学業継続を途中で断念した場合などに、復学へのセカンド・チャンスを提供している。この意味で夜間高校の存在は大きい。日本においても夜間定時制や通信制が社会的に果たす役割は大きい。こうしたセカンド・チャンスをより公正に評価するためには、国家資格による高卒や大卒、さらには職業資格を積極的に企業が認め、中途採用の再評価が必要と考えられる。これまでの企業内教育や終身雇用の文化を改めていくことも同時並行で検討する時期にある。それには、フランスのような、公共政策による若者支援は参考になろう。そこで、本章では以下、その教育と訓練機関の多様化路線に至った経緯を紹介し、次に二つの事例を取り上げることで、日本の参考にしたい。特に、日本では後期中等教育段階以降の受入れ場所が少ないため、フランスの事例を参考に考えてみたい。

2 教育内部における差異化が早期離学者を生み出す背景

第2次世界大戦後、イギリスをはじめ、中等教育の単線化（総合制）が実施された。それまでの社会階層別の複線型教育制度を改め、男女共学を含めた社会階層に関係なく同一の教育課程の教育機会保障が進められる。フランスにおいても1975年以降の前期中等教育制度の単線化および教育課程の統一化は、階層による教育結果（最終学歴）の違い、つまり出身階層の再生産や、社会移動の固定化を解消する策として積極的に受け入れられた。しかし、全国平均の教育歴は3歳から22歳までの約19年に長期化するが、庶民階層の社会上昇移動の獲得を保障していないことがわかってきた[2]。むしろ、共通の教育制度内における選抜システムはより厳しさを増し、学歴に見合った労働市場、社会的地位を獲得できない若者を増やしている。高校入試はなく、中学校における内申書によって進路が決められるため、単線化された中学校内部における差異化の指標は、外国語（ドイツ語、古典語の選択を上位とする）や選択科目、外国語を強化した教育課程（バイリンガルコース）といった教育戦略に左右される部分がある。ここに中学校の単線化が、逆に内部における排除の構造を生み出す要因がある[3]。こうした点は、学校内部で個々の生徒が享受する教育課程の差異につながるだけでなく、より深刻なのは、地域間、学校間の格差拡大にある[4]。例えばOECDの報告書[5]でも明らかにされているが、国際学力到達度調査（PISA）において成績上位の国は義務教育期間の単線化、教育課程の統一化が特徴であり、さらに学校間の学力格差が小さいことが特徴となっている。フランスにおいては、単線化しながらも教育課程の統一化がされずに、内部における差異化をもたらした結果、教育格差をもたらした。また地域における経済格差、住宅事情の格差拡大、こうした地域差を是正できない学区制度による問題が指摘されている。したがって、教育結果の格差拡大は、教育環境面の違いと生徒の出自の違いが二重に障壁となっているため、その両面から対処しなければならない。ブルデュー▼6は「文化資本」の違いに注目したわけだが、50年経過した現在は、フランソワとプポーの研究▼7によって空間への着目がなされている。どの学区に就学するか、あるいは住居戦略と学校選択といった生徒を取り巻く学校内外の環境に焦点をあてるようになっている。これら1960年代からの教育社会学研究の蓄積にもかかわらず、階層間の学力格差は縮小されず、むしろ学校（学区）間格差による拡大がみられる▼8。

教育の進路保障と社会格差是正の両立

フランスの中等教育改革は1960年代より行われ、教育の大衆化が進められた。その帰結として高等教育機会も、中間層および庶民階層に広く開かれてきた▼9。結果、現在若年層の4割が高等教育に進学するようになった。こうした教育の大衆化を評価する一方、中途退学・転部・進路変更や、階層間の学業達成（取得資格、学歴）の違いが政策課題となっている▼10。また進路決定期が、10代後半まで延びている。

この教育の大衆化は、大学入学資格試験として毎年行われるバカロレア試験の結果にもっともよく表れている。戦後1950年時点では、普通バカロレアのみしかなく、その取得率は同一世代の2％である。技術バカロレアが用意される前の1968年においても普通バカロレアの取得率は20％未満であった。1970年から2021年までの数値は、普通バカロレアにおいて16・7％から44・7％、技術バカロレアにおいて3・4％

から16・3％、職業バカロレアにおいては0から21・8％と急激に増加している。この50年間で4倍、1989年から30年で倍という同一世代の80％以上の高校生がバカロレアを取得していることになる。ただし、1989年から1993年生まれの労働者・一般事務職の家庭の子どもの場合57％しかバカロレアを取得できず、管理職・中間職の84％には程遠いことがわかる。そしてこの社会階層格差が、この20年間ほぼ変わらない点がより深刻な政策課題とされる▼11。全体の学歴取得者が増えるものの、就職率が厳しくなっている今日において、庶民階層の若者が、富裕層の社会関係資本などを持った若者と比較して不利なのは明白である。

そのことは、出身階層別に際立ったバカロレアの種類および取得比率の違いに認められる。富裕層（管理職等）にみられる普通バカロレア79％（技術バカロレア13％、職業バカロレア8％）への偏りに対して、労働者のそれは普通41％、技術25％と職業バカロレア34％に分散している▼12。ちなみに、職業バカロレア取得者のほとんどは進学せずに就職する。あるいは、25～34歳の世代における富裕層の場合、68％は学士以上を取得するのに対し、労働者層では、3分の1以下の21％に留まる▼13。特に課題とされているのは、中卒以下の修了率が、平均値（12％）を上回る労働者（16％）および一般事務職（14％）という、庶民階層にある。こうしたバカロレアの種類別の取得比率の差異は偶然ではなく、進路指導の結果でもある。

以上から、フランスを含めた欧州では、前期中等教育以下の修了資格で退学する人を早期離学者と呼び、庶民階層出身、移民背景を持つ家庭出身、そして男子生徒が早期離学者の特徴としてあげられている。EUやOECDでは、こうした社会的特徴を持つ生徒の進路指導により多くの時間を費やし、質を保証することを提言している▼14。

ここ30年間の教育政策の展開を基底する教育課題である教育の大衆化と階層間格差是正の両立のためには、前期中等教育修了後ないし無資格退学者に向けた再チャレンジの教育と訓練機関が必要と考えられている。

3　フランスにみる若者を包摂する教育訓練制度の多様化

フランスは、2019年に教育基本法を改正し、義務教育年齢開始を3歳から16歳に拡大した（「信頼できる学校のための法律」2019年7月26日付法律第2019－791号11条、教育法典L.131-1条）。さらに16歳から18歳の若者で、ニートを対象に、教育または訓練機会を義務化した（同教育基本法15条、教育法典L.114-1条）▼15。つまり、学齢期を超えた教育訓練となり、社会編入のための再チャレンジの場を用意した。若者の孤立、失業、貧困対策にもつながる。これは、長期化する不景気対策であると同時に、高額負担の社会・福祉・医療対策でもある。若者の社会参加が、社会病理対策の基底を成すという考え方である。無資格で学齢期を終えた若者の社会統合は難しく、非行、犯罪、不安定雇用、あるいは長期失業のリスクが高まり、衣食住が困難となるなど、社会保障負担となることが想定される。そこで、従来の学校教育から労働市場へのストレートな移行以外の、進路、キャリア保障（進路変更＝橋渡し）を検討する必要があるというわけである。

図表2－1に示されているように、現在フランスでは義務教育年齢はもちろんのこと、その後の無資格者に対する再チャレンジのシステムが構築されつつある。まさにD象限におけるさまざまな教育訓練機関の設置は学校化（資格）社会の路線をたどっている。教育と訓練の場をさらに広げ、学齢期後（16歳以上）の若者にもフォーマルで無償の教育訓練を用意しようとするのは資格社会ならではなのかもしれない。

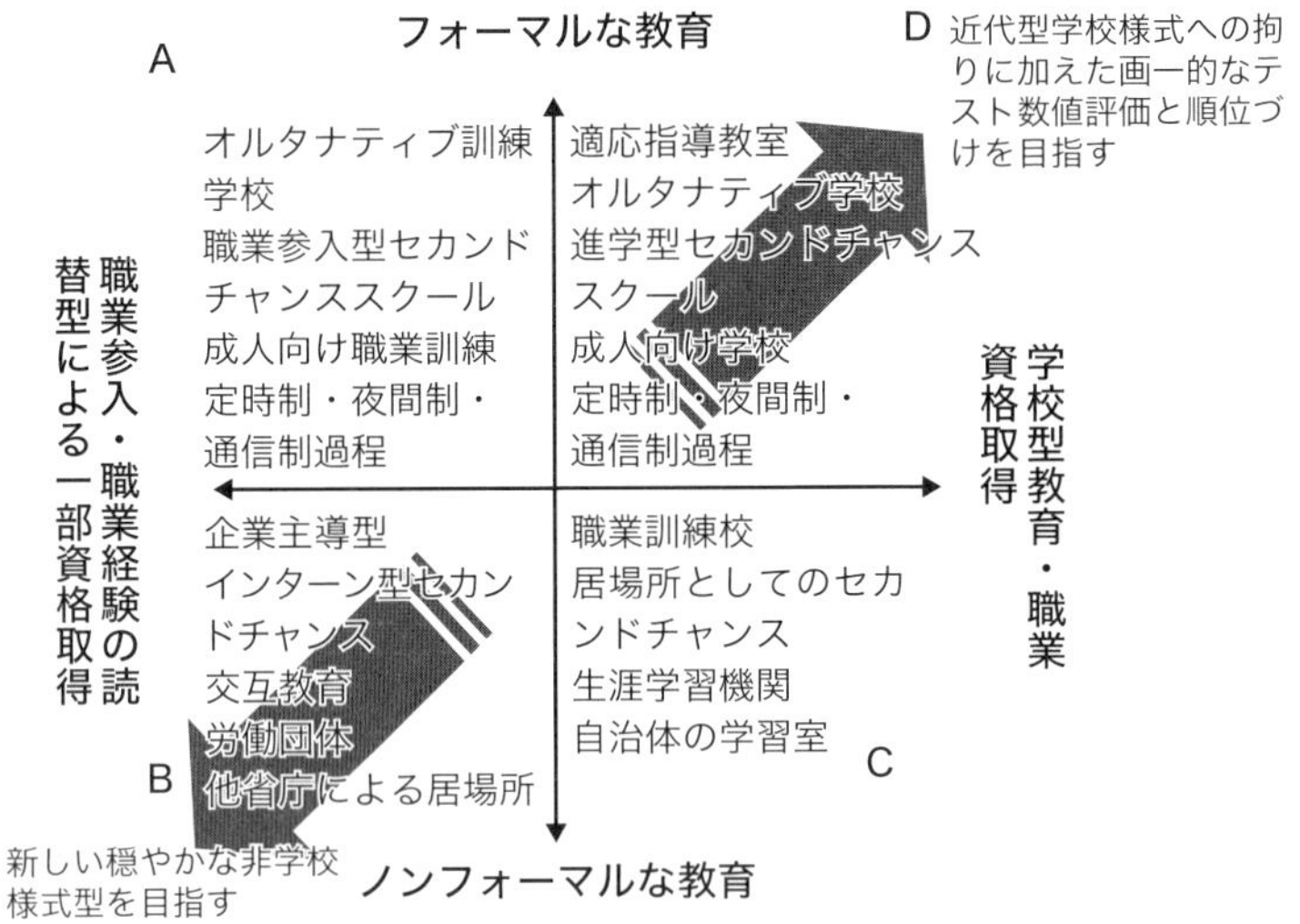

図表2-1　多様化する学校と教育訓練

一方で、約2割と若年失業率の高いフランスでは、社会保障費の負担を含めて0歳からの保育や就学前教育など手厚い教育福祉サービス化は必至といえる。そのような中でも、教育のイノベーションによる全国に普及しつつある「ミクロ・リセ」と「セカンド・チャンス・スクール（E2C）」などは、とてもユニークな教育実践であり、訪問調査で出会った若者は自分の進路と向き合いながら、着実に目標に向けて歩み出している姿が印象的であった。かれらは、一様に自分の居場所を見つけたと言い、引きこもりがちであった自分を振り返りながら、将来の生活に向けてアイデンティティを取り戻しつつあると語った。これら教育訓練はフォーマルな教育というより、若者（生徒[16]）の自主性に働きかけ、柔軟で緩やかな学習計画を達成できるように、教員は見守る制度となっている（BとCの象限の拡大）。教員も職業高校の免許を持った人が多く、エリート主義的な高校教員というよりは、職業高校に必要なポリヴァレントな（2教科の免許を持つ）教員であり、また企業における勤務経験などもある教員が求められている。さらにこれら学校が小規模であることは大きな要素であり、全国に設置が目指されている。他方で、これまで社会の関心の低かったB象限においても外国人、難民、あるいは障がい者や病弱な成人を対象に早期に労働市場に適応できるよう、非正規型雇用へのつなぎとしても検討されている。

4　1989年教育基本法以降にみる一人ひとりの進路保障

現在フランスの学校では、すべての子どもの学習ニーズを保障するために以下のような体制をとっている。まず保育学校より高校までさまざまな学習の個別支援（補習学習、教育成功個別プログラム（PPRE）、教育成功プロジェクト（PRE）、チューターなど）が用意される。また休暇期間にも学校を開放して補習授業が用意される。中学や高校のオープンスクールなどもある。そして保護者向けの講座、説明会（Malette des parents ほか）、非フランス語話者の保護者向け学校開放事業（OEPRE）などもある。補償教育が施される優先地域の学校では小中連携委員会が設置され、中1プロブレムや個別支援計画書の作成などが幼小中の教員が連携して教育実践について協議するようになっている。中学には、特別なコースや学級（「中学付設普通・職業適応教育科（SEGPA）▼17」、再編入校、復帰準備中継措置▼18など）がある（図表2―2）。高校では、バカロレア取得を目指す自立自営学校（Lycée autogéré, Temps choisi）、パリ市立成人夜間高校（LMA）、ミクロ・リセ（Micro-lycée）▼19、ポル・イノヴァン・リセアン（PIL）、「すべての子に優れた中学・高校（CLEPT）」など革新的教授法のもと新たなタイプの比較的小規模な代替学校が全国に設置されている。

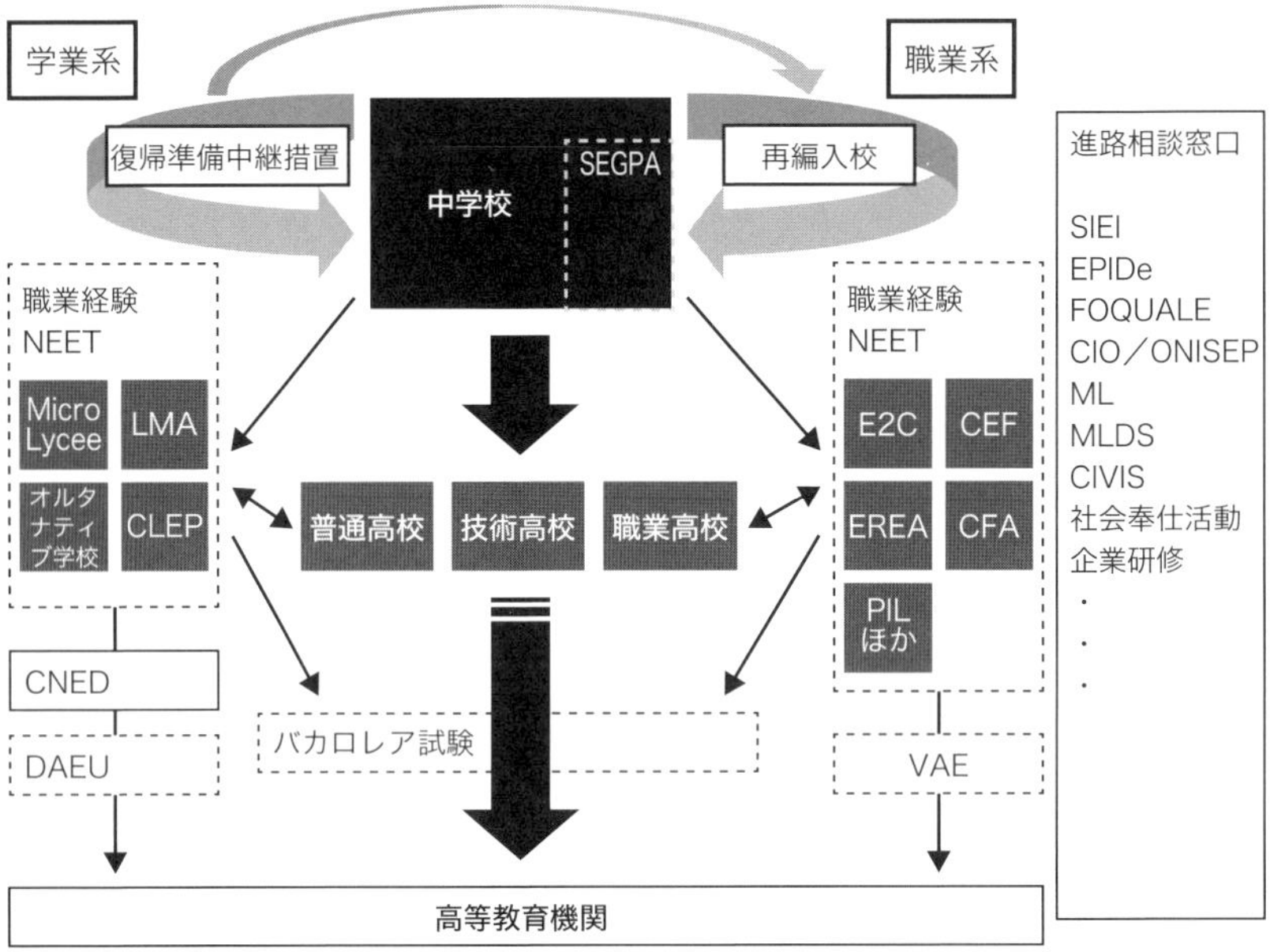

図表2-2　中学校からのキャリアパスの多様化

注）CNED：国立遠隔教育センター、DAEU：大学編入資格、VAE：経験知識認証

これらとは別に学校の外には、省庁間情報交流システム（SIEI）、ミッション・ローカル（ML）、学校離れと闘う地域担当部（MLDS）、社会生活参入契約（CIVIS）、日本の児童自立支援施設に相当する法務省管轄の教育閉鎖施設（CEF）、社会奉仕活動、企業研修などが用意され、さらに18歳以上の年齢向けには、協会立のセカンド・チャンス・スクール（E2C）、地域圏職業訓練校（EREA）、雇用・都市・防衛省管轄の職業参入公立教育機関（EPIDe）、などに受け入れ先がある（図表2－2）。

義務教育年齢後の離学者の把握には、国民教育省、雇用省、保健省、法務省、内務省、農業省の連携および、地方自治体との情報交換が重要となる。そのためにSIEIを設置し、教育機関を含む省庁自治体間の情報交換に努め、離学後早期に発見することが目指される。国民教育省は、全国535か所の情報・進路相談所（CIO）、全国5130か所にある学校離れと闘う地域担当部と訓練資格雇用網（FOQUALE）と学校の三者間で連携をとることになっている。20万人の早期離学者に対して、18万人と連絡がとれていて、そのうちの半分に対して解決を見いだせている。解決策としては、約半数は教育訓練機関に戻っている。3割は学校離れと闘う地域担当部の何らかのプログラムに参加している。約1割は社会奉仕活動を行っている。8％がミクロ・リセなどの革新的教授実践校に受け入れられるか企業研修に参加している。3％は、公的な訓練機関と契約を取り交わすことができている▼20。

また職業参入を目指す者は、国民教育省管轄の参入総合担当部（MGI）を経由するが、2011年の同報告書では、年間5万9256人の相談件数（出自：中学37％、普技高校13％、職高48％、ほか）があり、復学24％、MGI自身による研修39％、契約付訓練6％、地方研修生6％、就職2％、そのほか3％、この他の受入先を探している11％、対処法が見つからない9％とされている。MGIの主な対処法は資格に向けた準備86％、資格取得に向けた機関への登録9％、就職支援5％である。大多数の大学区（教育行政単位）では、MGIの進路指導後教育訓練機関に復学している（41～100％）。

以上にみてきたように、中学校からの進路には多様化がみられ、さまざまな方法を活用して一人でも多くの生徒のニーズに応えるべく、教育と訓練機関を用意している（図表2－2）。いかにしてメインストリームの中学と高校に戻すかを目指した取り組みである。こうした取り組みの結果、現在フランスでは、早期離学率は8％程度（同一世代の8万人）まで減少している。

5　再チャレンジの機会保障と省庁連携

若者の対象年齢を16歳から26歳くらいまでとすることで、義務教育後の教育機関への再編入あるいは、社会参加を目指すよう、学齢期後の早期離学者とニートを対象とした教育と訓練機会が前節のとおり、1990年代後半より拡大している。ここでは、二つの事例を取り上げる。一つは、成人を対処とした学業復帰を目指した取り組みである。もう一つは、職業参入を目指したフランス発祥のEU内に広げられたセカンド・チャンス・スクール（E2C）の取り組みである。

（1）パリ市立成人夜間高校（LMA）にみる再チャレンジの取り組み

LAMの特徴

市立の成人向けの高校は全国に一つしかない。その歴史は古く、1866年にパリ市によって設置された。3年間の夜間課程で、高校進学を断念した人、中退した人などバカロレア未取得者の再チャレンジを可能にしている。定員は240名である。約800名が最初の説明会には出席するが、筆記入学試験には約半数の400名しか受験しない。その中から約90名が高校1年に入学する。約60名が高校2年と3年に編入学する。残りの150名は別の機関に進路を誘導する。そして最後の約100名は、進路先が決まらない人たちである。2013年度から全部で9学級（1、2、3年生に経済社会系、文系、科学系の学級がそれぞれ一つずつ）に増やし、定員を超える260から270名ほどを受け入れている。したがって学級規模は約30名未満となる。18歳から72歳までの人が通学する。近年では、平均年齢は上昇していて31歳となるが、主に24歳以下（42％）と25歳以上（58％）に分かれる。24歳以下の若い層の特徴は、健康面や精神面から中退したため、より不安定雇用経験者が多い。25歳以上では、就職、家族、子育てなどを理由に復学が遅れた人たちである。後者の場合は、志望動機もはっきりしているため、比較的修了する可能性が高い。6割は郊外から通ってくる人たちで、市内在住者ではない。例年51から55％が女性である。登録料として年間130ユーロが必要である（2022年度）▼21。入学する成人の学力は、6割は中卒水準で、2割が高1ないし高2水準、15％は、技術高校あるいは職業高校入学経験がある人である。約5％が高3以上の水準にある、国内外の人である。約6割が働きながらの通学となる。

働きながら国家資格を目指す

働きながら学んでいる人は、一般的に勤勉である。逆に、不安定雇用で、無職である人のほうが、学業も不安定となる。出身階層に関するデータを持っていないということであったが、3分の2が一般事務職、残り3分の1は、労働者、中間職、商人等である。9割は入学時の質問「なぜLMAに入学を希望するのか」に対して、「より魅力的な職業に就きたいから」と答える。残りの理由は、子どもや孫の支援をするのに必要と感じているためである。授業時間は高校1、2年生が18時から22時までの1日4時間、週20時間で、3年生には平日に加えて毎土曜日の午前4時間を加えた週24時間ある。授業時間数は普通高校に較べて短いが、通常の学習指導要領が適用されており、集中して学ぶことになる。また教員は必要に応じてバカロレアに関係ない単元はカットしなければならない。意欲の高い人のみを受け入れているため、授業態度は積極的であるという。他に夜間の正規授業前にフランス語と数学の補習も2時間用意しているため、受講可能な人は18時前に登校する。

昼間は勤務し、夜間通学し22時に授業終了後帰宅し、子育てなど厳しい生活を強いられている事例もあるが、3年ないし4年かけて全員バカロレアを取得している。

全国に一つしかない高校であるため、遠くから通学している例や、引っ越しを強いられる例もあり、経済的にも心理的にも負担が大きい。原則夜間開講であるが、今後はかれらの職業に応じて16時頃からの授業開始も検討されている。かれらの要望として、夜の通学が困難（郊外など遠方の場合）、子育てとの両立が難しいなど一部の人は、日中の授業を希望している。こうした要望に対しては、現在の教員の多くが、昼間は別の学校で教えているため、物理的に非常勤講師の調整が難しいとされている。本校の特徴でもあるが、40名ほど雇用されているが、正規教員は少なく、多くがボランタリーな超過勤務の非常勤である。これは学校経営上もやむを得ない措置となっている。LMA生徒一人当たりのコストは、2100ユーロであり、普通・技術高校生の全国平均1万1300ユーロと比較しても限られた予算であることがわかる。その他の課題は、2020年度以降施行されたバカロレア試験改革がある。より内部評価に比重をおくようになったため、学期中に試験を多く行う必要があり、授業時数が減らされることによる弊害がある。校長は、約3分の1の離学者を減らすことが課題であると言う。離学の理由は、仕事を変えたこと、住宅事情、交通費の負担などさまざまである。学年始、10月の秋休み以降、年末年始、5月の4期に離学者が増えると言う。場合によっては、職業高校、あるいは国立工芸院（CNAM）の夜間部、経験知識認証（VAE）▼22などに進路変更を促すこともすると言う。

(2) セカンド・チャンス・スクール(E2C)

E2Cの設立経緯

これは、協会(アソシエーション)立学校として、雇用労働省と自治体が支援して設置したものである。1994年に設立されたこの協会は、マルセイユ市を皮切りに、2022年現在55校の学校が存在する。全国12地方(64県)および5大都市圏に置かれ、毎年約1万5000人の研修生を受入れている。2007年から2011年にかけて生徒数の拡大期を迎えてから、2012年以降は安定期に入っている。E2Cは、当時EU科学研究開発担当を務めていたE・クレッソンが白書『教授と学習』▼23の中で発案し、1995年にマルセイユ市に学校を設立したのが始まりである。クレッソンは後に協会長を務める。2011年にはフランス国家が認定した憲章もあり、全国共通の質が保証され、教育機関への編入あるいは雇用時の共通認識が形成されている(教育法典第L.214-14条)。一人あたり年間約85万円(6117ユーロ)の経費が投入されており、全体の予算規模は約124億円(88・4Mユーロ)で、内訳は地方が30%、国が30%、EUの欧州社会基金(ESF)が16%、市町村が11%、見習い訓練税が4%である(2020年)。

E2Cの特徴は三つある。一つはおよそ6か月の基礎コンピテンシーの定着にむけた講義、二つに10日間の企業研修を平均5回経験、三つに職業参入(後)への伴走型支援にある。約1年未満の伴走型支援によって8割が就職につながっている。年間6万4000の企業研修を通じて6割が就職ないし、職業訓練機関に登録できている。

66％の卒業生のうち24％が職業訓練機関に進路選択をし、そのうち87％が何らかの資格を取得する。12％は交互教育に参加し、6割は見習い訓練生として、4割が職業契約を結ぶ。うち23％は無期限雇用契約（CDI）、17％は6か月以上の雇用契約である。主な就職先は、ホテル、レストラン業と介護職が最も多い[24]。

E2Cパリ校の特徴

2019年3月の再調査では、パリ校の以下のような特徴が確認された。2011年頃から職業参入を目的にし、企業研修に力を入れている。過去の履歴をもとに就きたい職業について話し合いながら、本人の能力と社会経済状況に応じた現実的な進路選択を一緒に探すようにしている。自ら主体的に職業を選ぶことが重要となるため、研修先をいくつか経験し、自分にあった職場、職業を選ばせる。平均三つの異なった企業研修を通じて最終的な進路を決定する。企業研修は平均4回ほど受け、6か月かける。自身で企業研修先を見つけ、受け入れてもらう。最終企業先においても、本校では職業資格が取得できるわけではないため、就職後に改めて資格を獲得するか、就職せずに職業訓練校に進学する道を選ぶ。研修生の生活状況や、保護者の家庭事情によっても進路は変わってくる。特に既婚・離婚者の子連れの事例では、生活環境と職業参入ないし職業資格の勉学の均衡における現実的な可能性が重要となる。

もう一つ重視している点は、市民としての社会統合にある。E2Cにおける講義では、フランス語の書く力と、話す力に重点がおかれている。学校の授業とは異なり、成人教育として仕事や生活に必要な語学力、コミュニケーション力を個々の性格に応じて対応している。E2Cの教員（ここではcoachと呼ばれ、社会教育の専門家が多い）は、国民教育省ではなく雇用労働省の管轄、または協会団体であるため、各学校で独自に人事権がある。

毎週火曜日に入学希望者の面談を実施し、1年間いつからでも入学できる。面談では、志望動機を尋ねて、本人の就きたい職業とこれまでの学校歴と職業経験を確認する。入学すると、法定労働時間の週35時間拘束されることを確認する。面談結果は木曜日には通知され、翌週の月曜日から入学する。

E2Cリヨン校の特徴

他方、2023年2月に訪問したリヨン市に新たに2021年に設置されたE2Cでは、若干異なる様子がみられた。全国平均とは異なる点が三つある。それは、18歳未満が半数を占める点（2021年時点では、全国平均年齢は20歳で、18歳未満は24%）、85%が外国籍（同19%）、15%の障がい者（同5%）である。そのほかの社会的な特徴については、3割の困難都市地区出身者、45%が女性、9割弱が職業未経験など、ほぼ全国平均と一緒である。特に未成年が多い点は、今後の特徴となる可能性がある。なぜなら、2019年の教育基本法において、学齢期後の16歳から18歳の若者に対して、ニートの状況にある者は教育と訓練を義務化したからである。全国平均の数値が前年度のため、教育法改正の影響によるものなのか、リヨン市の特徴なのかは定かではない。さらに、同調査時に訪問した職業高校の校長のインタビューにおいても気になる発言があった。校長の話では、職業高校生は、年間授業時数の半分を企業にて研修を受けることになるが、特にサービス業、レストラン業、ホテル業などでは人手不足がCOVID-19後において顕在化しているため、研修中に生徒が高校を退学して、雇用されることがあると言う。無資格で非正規雇用に就く若者が増えることは、決して喜べることではなく、数年後に資格の取り直しに再チャレンジする若者を増やす可能性を否定できないからである。今後の動向を注視する必要がある。

6 すべての人に開かれた社会権と機会保障

Ｅ２Ｃは、フランスが発祥の地と言えるが、２０２３年３月現在スペインの46校、ポルトガルの７校をはじめ、欧州の一部で普及しつつある。ただし、これらの国では、学業への復学と、職業資格取得や参入を目指すという両面がみられる。そのため、機関は公立であり、国家免状を持った教員が雇用され、国家資格の取得を目指した教育訓練となっている。フランスのＥ２Ｃは、職業参入ないし、見習い訓練校への橋渡しと考えられている。したがって、フランスのＥ２Ｃでは、公教育ではないために学校様式から離れた自由な教育課程の編成が可能である。国家の管理下にはない。教員も国家免状は不要である。ノンフォーマルな教育訓練機関であるところが、中退した若者にとって魅力に映っている。

他方、学業への復学を目指すものは、先のＬＭＡあるいは、ミクロ・リセといった公立のフォーマルな教育機関（図表２－２のメインストリームの左側の学業系）に復学する。セカンド・チャンス教育が先行したフランスは、学業系と職業系の２系統が用意されている。特に、職業系は、研修時間数に応じた最低賃金が支給されるだけに、脆弱な若者には魅力となる。いずれにしても、欧州の社会情勢と若者に共通したニーズが背景にあると捉えてよいだろう。ＣＯＶＩＤ－19後も、学校から無資格で中退した若者の職業参入において、再チャレンジする機会を提供する機関として、国民教育省ではなく、雇用労働省や、地方自治体と独立した団体が労働市場への移行を支援する役割は増すのではないだろうか。少なくとも、省庁以外の多様な機関が存在することは、多くの国にとって若者の進路保障を支援するうえで重要な意味があると考えられる。

若者の移行研究への提言

本書の第1章で言及しているように、日本の若者の移行期には、欧州と比較しても特有の課題がみられ、工業化社会のモデルのまま、「子ども期から成人期まで一本の順序だった連続的な移行ルート」が強く残っている。フランスは、経済学者ピケティの著書に代表されるようにフランスの所得の不平等は歴然としているが、その不平等がライフチャンスに与える影響は弱いとされている。エスピン＝アンデルセンの国際比較によれば、フランスの所得補助が貧困を減少させる効果は、非常に大きいとされている▼25。この点は、若者が教育から労働への移行において、一本ではなく、順序だっていない進路変更（橋渡し）による多様な選択肢の中から、さまざまな寄り道も認めることが必要であることを示している。つまり、自分や社会と向き合う時間を保障し、教育と訓練の資格を取得する時間的猶予を十分に提供することが、これからの日本の若者、家族、教育、企業、社会に求められる。フランスでは、シングルマザーであっても、世代間の貧困の連鎖が弱いことは、今回訪問した二つの教育施設の校長から聞かれた共通点でもあり、日本との違いは、保育から始まる手厚い教育や生活保障にある。女性が自立して、働きながら子育てを可能とするために、LMAも、E2Cも、他機関と連携している点は見逃せない。同様のことは、難民や障がい者に対しても言える。それはマイノリティに配慮された制度と文化が、マジョリティにも寛容なためである。「参加機会の保障」が「支え手を支えること」とセットでなければならないように、すべての人が社会に包摂されるホリスティックな政策が実現されているとフランスの教育訓練機関の当事者から感じられた。すべての16〜18歳の若者には参加機会を保障し、それ以降も積極的な参加を促進するよう働きかけ、18歳以上には自立可能な生活保障のための住宅や子育て等の手当も用意することで、25、26歳までに労働への移行を伴走するという手法である。この間に、手に職をつけるという目的以外に、シティズンシップ教育など市民としての社会統合も同時に実施していることは、大きな意味を持つ。フランスの特徴は、若者が家庭を持ちながら教育と訓練を継続でき、労働への移行ルートを保障する機会を無償提供しているところにある。これらは、マイノリティを含めたすべての住民（非正規滞在者、難民・庇護、LGBTQIA+、PACSや事実婚等）に開かれた社会権があることが重要となる。今後の若者の移行研究には、この視点を考慮した標準型に収まらないさまざまな家族と若者の一人ひとりのライフパターンのセーフティネットを検討することが求められる。

注――

1　2019年5月のNHK調査では中学生の23・7%、2018年12月の日本財団調査10・2%と30日未満の隠れ不登校者数についての二つの調査結果からも、文部科学省の30日欠席者以上に潜在的な不登校ないし学校嫌悪者は存在する。また欧州では、不登校者の定義は、一般的に5日から10日以上無断欠席した者とされていて、医師や精神科医の診断書がない場合は無断欠席とされる場合があり、より厳格である。保護者の判断を校長が尊重するという日本の慣例とは異なり、子どもの権利条約に基づいて学習権の剥奪を恐れての対応であり、ヤングケアラーや児童虐待の恐れを危惧して認めないのが欧州では一般的である。

2　園山大祐編（2016）『教育の大衆化は何をもたらしたか』勁草書房、園山大祐編（2018）『フランスの社会階層と進路選択』勁草書房。

3　Bourdieu P. et Champagne P.（1992）Les exclus de l'intérieur, *Actes de la Recherche en Sciences Sociales*, 91-92, pp.71-75.（荒井文雄・櫻本陽一監訳（2020）「内部からの排除」『世界の悲惨Ⅱ』藤原書店、pp. 907-917）

4　園山大祐編（2012）『学校選択のパラドックス』勁草書房。

5　OCDE（2013）*Équité et qualité dans l'éducation : Comment soutenir les élèves et les établissements défavorisés*, pp.103-113.

6 Bourdieu P.（1966）L'école conservatrice. Les inégalités devant l'école et devant la culture, *Revue française de sociologie*, 7-3, pp. 325-347.

7 フランソワJ.＝C.、プポーF.（2012）「就学実践の社会空間的決定因――パリの中学校に適用される統計的モデル化の試み」『学校選択のパラドックス』勁草書房、pp.117-154。

8 トランカールD.（2016）「コレージュにおける学業成績に社会空間的隔離が及ぼす影響」『教育の大衆化は何をもたらしたか』勁草書房、pp.129-151、オベルティM.（2012）「居住地域の社会的・教育的差異化――不平等と地域状況の研究」『学校選択のパラドックス』勁草書房、pp.155-190。

9 ボーS.（2016）「『バック取得率80％』から30年」『教育の大衆化は何をもたらしたか』勁草書房、pp.12-23、園山大祐編『フランスの高等教育改革と進路選択』明石書店。

10 オランジュS.（2018）「高校卒業後の学業選択――社会階層による異なったロジック」『フランスの社会階層と進路選択』勁草書房、pp.24-36、ボダンR.（2018）「フランスの大学の初年次における学業「中退」――社会的事実」『フランスの社会階層と進路選択』勁草書房、pp.65-77。

11 Chauvel L. (2011) *Le destin des générations*, Puf.

12 DEPP (2022a) *Repères et références statistiques*, Ministère de l'Éducation nationale et de l'Enseignement supérieur et de la Recherche, p.221.

13 DEPP (2022b) *L'État de l'école*, Ministère de l'Éducation nationale et de l'Enseignement supérieur et de la Recherche, p.81.

14 ＥＵおよびＯＥＣＤについては、園山大祐編（2021）『学校を離れる若者たち』ナカニシヤ出版を参照のこと。フランスについては、園山大祐「フランスにおける中等教育の大衆化と多様な学習保障」横井・滝沢・佐藤編（2021）『公教育制度の変容と教育行政』福村出版、pp.45-60、園山大祐「フランスにおける早期離学の現状からみた教育制度の構造的課題」横井敏郎編（2022）『教育機会保障の国際比較』勁草書房、pp.23-43を参照のこと。

15 本教育基本法は、２０２０年9月より施行されている。16歳の誕生日から国民教育省管轄の教育機関から離学することが可能であったが、今後は、ニートの状況にある場合に、18歳の成人までを対象に、教育ないし訓練を受ける権利と義務が生じることになった。約6万人いると言われる16歳から18歳のニートが主な対象である。図表２－２の右の進路相談窓口を経由して主な進路先を学校教育訓練機関、見習い訓練施設、企業研修先などを選ぶこととなる。

16 以下、一部「生徒」と表記しているが、ＬＭＡおよびＥ２Ｃでは成人（adultes）や聴講生（auditeurs）ないし、若者（jeunes）や研修生（stagiaires）が使用されている。

17 1975年以降、統一中学校内にこうした特別な学科が用意され、現在約2・5%の生徒（8万人）が在籍している。約6割が男子生徒となっている。公立中学校の4校に1校の割合で付設されている。かれらの多くは小学校で留年を経験し、学習支援が一定期間継続的に必要とされる生徒が小規模な学級で学べるようにしている。SEGPAでは、小学校の教員が中学校の教員と一緒に授業を受け持ち、生徒の学習リズムに合わせた授業実践を行う。なお、同時に職業に向けたアトリエが用意され、高学年では一部職業経験も実施する。6割は職業高校にある2年制課程の職業適格証（CAP）のコースに、職業バカロレアには7%弱が進学する。フィンランドのJOPOなど欧州では子どもと保護者の同意のもとで、中学校教育課程内に特別な教育課程が用意されることがある（西村貴之（2022）「フィンランドの基礎教育学校の早期離学防止の試み」横井敏郎編『教育機会保障の国際比較』勁草書房、pp.88-110）。

18 1998年から復帰準備中継措置として、中継学級、2002年からは中継アトリエ、2014年からは寄宿生の中継措置がある。2019年度では、全国に428の復帰準備中継措置（282学級、137アトリエ、9寄宿舎）が備えられている。中継措置を受けた1年後も、4分の3は何らかの訓練を継続している。2018年度では、約9500人の生徒が利用し、男子生徒がその4分の3を占める。利用者には、平均19日間の中継措置が講じられ、32%は1回以上の留年経験者、50%は14歳以上である。ミエM.とタンD.(2016)「学校離れを生みだすもの」『教育の大衆化は何をもたらしたか』勁草書房、pp.80-98。

19 ミクロ・リセとは、その名のとおり通常の高校と同様の教育課程を小規模な学校で実施している高校であり、パリ郊外に最初に設置されて以来、全国に44校（2016年）に2000人以上の生徒を受入れている（2013年教育基本法第14条にて新設）。一度離学した若者のバカロレア取得を目的とした取り組みである。実験学校としてグルノーブル市の中高一貫校（CLEPT）、パリ市の職業高校（PIL）、リヨン市の職業高校（Lycée de la nouvelle chance）などがモデルとなっている。これら実験学校の教員たちは、早期離学者に伝統的で画一的な一斉授業を押し付けるのはやめて、生徒の問題関心に引きつけた教授法（アクティブ・ラーニングや反転授業）を基に、これまでの学校様式を転換しようと試みた有志たちによってできた学校である（Bloch M. = C. (2011) *Alors, on la fait cette école pour tous?*, Chronique Sociale）。もう一つにミクロ・リセの生徒の特徴の一つに、精神的なケアが必要であることや、大規模な高校に生徒自身が適応することが難しい点があげられる。

20 Rapport de diagnostique (2014) *Evaluation partenariale de la politique de lutte contre le décrochage scolaire*, MEN.

21 2023年3月8日に訪問インタビューを行った。

22　一定の専門分野において3年以上の職業経験のある者が、応募し、書類と面接審査によって資格を授与する制度である。年に約2万件が審査される。「労使関係近代化に関する２００２年1月17日付法律第２００２－73号１３４条」教育法典第L.335-5条第1項は、「職業目的の免状または資格は、学校、大学、見習い訓練もしくは、継続職業教育によってまたは資格の全部もしくは一部について経験知識認証によって取得する」と規定している。

23　Commission des Communautés Européennes (1995) *Enseigner et apprendre : vers une société cognitive.*

24　www.reseau-e2c.fr　および２０２３年3月8日の訪問時のプレゼン資料より。

25　イエスタ・エスピン＝アンデルセン（2022）『平等と効率の福祉革命』岩波書店（第3・4章）。

第3章

若者の就労支援と労働施策

西岡正次

はじめに

若者の就労支援は、学校教育や社会的養護、触法少年等の支援、フリーターやニート、ひきこもりの支援など、対象・態様ごとに語られることが多いが、キャリアの模索・形成途上にある主体としての共通性がある。個々の実態に合致した適切な相談支援と、就労やキャリア形成に関わる適切で魅力的な支援が欠かせない。就労の目標を見通すための対話やアセスメント、自己理解や仕事理解のためのプログラム等を提供する「適切な支援」であり、相談窓口の閉鎖的イメージを刷新する魅力的な内容の発信が重要である。

1　若者支援と就労支援の経緯

若者支援、特に就労支援が胎動しはじめた1990年代から現在まで30年余を振り返ってみよう。

90年代はバブル経済崩壊後に長期の不況期に入る中で、介護保険制度の検討をはじめ、地方分権改革などが進展した。高齢化に対応した改革が本格化し、福祉分野では社会福祉基礎構造改革が動き出し、障害者支援分野等で就労支援を含む改革が進んだ。就職難が続く若者をめぐっては、ニート・フリーター問題や若年者の失業の増加が社会問題となり、労働施策に解消されない就労支援の取組みが注目されはじめる。

「フリーター約200万人、若年失業者・無業者100万人」というかつてない厳しい状況は、1993年前後から続く「失われた10年」[1]を象徴するもので、それまでの「新規学卒一括就職」とその受け皿である「日本的雇用」の縮小などを誰もが実感しはじめた。

そのような中で登場した「若者自立・挑戦プラン」（２００３年）は本格的な若者支援施策として、一つの節目となった[2]。３年間限定であったが「若者自立・挑戦戦略会議（文科大臣・厚労大臣・経産大臣・経済財政政策担当大臣。その後内閣官房長官と農水大臣も加わる）の活動は、従来の縦割り的対応を超える取組みを感じさせ、「新たな段階の若者支援策の到来」とも言われた。同プランには「日本版デュアルシステム（実務・教育連結型人材育成システム）」や「若者自立塾」「相談活動等を通じた若者の就労支援（ジョブサポーターの活用等）」「ジョブカフェ（若年者のワンストップサービスセンター）の設置」「若者に対する能力評価を明確にするためのシステムづくり（ＹＥＳプログラム等）」「若者トライアル雇用」など、その後も継続している事業もあった。

２００４年、厚生労働省に設置された若年者雇用対策室[3]も若者支援の労働施策の登場を象徴していた。それまで若者雇用対策と言えば、中・高校等の新規学卒者が対象であったが、年長フリーターや失業者・無業者を対象にするようになる。２００６年には地域若者サポートステーション（サポステ）のモデル事業が始まり、ハローワークとジョブカフェ、サポステの今も馴染みのある就職支援の窓口が揃う。また都道府県の中には独自に若者雇用対策や就労困難者の相談支援に取り組む団体が現れ、就労支援をめぐる議論が進んだ[4]。

次の節目は「子ども・若者育成支援推進法」（２００９年）であろう。「ニート、ひきこもり、不登校等の問題の深刻化」「個別分野における縦割り的な対応の限界」等に対応し、国だけでなく自治体・地域レベルでも任意であったが総合的な施策推進が打ち出された。しかし、当時は、２００８年の国際金融危機の影響で失業や雇止めの増加、生活不安や居住問題、健康問題等の広がり、自殺件数の増加等に対応して、給付や貸付のほか雇用や居住等の国の緊急対策が矢継ぎ早に展開された。若者関連では「ひきこもり支援推進事業」などが始まるが、地域レベルの施策推進や体制整備はその後に持ち越された。ただ、2013年に生活困窮者自立支援制度（2015年施行）が整備され、自治体を実施主体とする就労支援やひきこもり支援などが始まる。

また同制度を契機に「地域共生社会の推進」[5]が打ち出され、従来の制度別対象別の支援から全世代型支援、包括的支援への転換が始まる。「制度の狭間」問題をはじめ既存制度が受け止められなかった新たな支援ニーズが認識されはじめ、「支援対象」が拡大・多様化する中で、「支援内容の改善・改革」が必須となっていく。

2019年に始まる「就職氷河期世代支援」が三つ目の節目であった[6]。就職氷河期世代とはかつて若者の就労問題が認識される契機となった世代であり、その後「8050問題」としても注目され、30年越しで重点対策が実施されることになった。しかし、この対策も不運にもコロナ禍の影響もあって、本格的な展開に至らず多くの課題を残している。特に地域や自治体を主体にした支援プラットフォームの形成が対策に位置づけられたが思うように進まなかった。

以上、30年余の経緯を振り返ると、多様に広がる若者の就労ニーズに自治体や支援団体等が気づき、国の対策等に応えながら、縦割り的ではあったがあるべき総合的な若者支援施策の模索が始まった。就労支援は雇用対策を前提にした「就職支援」とは異なる独自の取組みを試行・拡大しはじめたのである[7]。その対象者像はフリーター等の不安定・低所得の就業者や若年失業者から、ニート等の無業者、新規学卒者や中退者等、障害者やそのボーダー層、単身女性やひとり親、社会的養護等の施策対象者まで多様であった。その切実なニーズに気づき、制度別の活動に付加する形ではあったが、相談支援を強化してきた。またメンタルヘルスや福祉等のニーズを抱えながら労働市場を漂流する若者のニーズに気づき、就労支援のあり方を模索してきた。

2　就労支援施策と労働施策

仕事や就労に係る相談支援とその仕組みには大きく二つの系譜がある。一つは仕事の紹介（あっせん）や職業訓練、雇用主による人事管理や人材育成の推進などの雇用労働対策からなる労働施策による支援である。もう一つは福祉や保健医療、教育等の分野で展開されてきた就労支援の活動である。担い手を見ると、前者は雇用保険制度をベースに、職業安定所（ハローワーク）や労働基準監督署、都道府県に置かれた労働局、障害者職業センターなどのほか、若者支援分野には地域若者サポートステーションや都道府県が運営するジョブカフェなどがある。

後者はこれまで制度別対象別の執行体制の中で就労支援が行われてきた。その活動は要支援者の切実な支援ニーズに対応する個別実践として、時には制度の制約を超えるような形で展開され語られてきた。

就労支援施策は、高齢・障害・子ども子育て、生活保護等の福祉分野、教育や保健医療分野、若者関連では新規学卒者や中退者、ひきこもり等の支援、一時保護措置や虐待等の経験者などに対象を広げつつある社会的養護自立支援事業などに広がり、既存制度が想定しなかった困難等に対応すべく改革が始まっている。「支援対象の拡大・多様化」▼8に対応して、制度別対象別の枠組みを継承しつつ、多機関連携やチーム支援のほか、新しい資源やプログラムの開発や利用の共同化など、「支援内容の改善・改革」も始まっている。障害分野では福祉的就労の制度が拡充され、「福祉から労働」「一般就労の実現」に関わって「定着支援」「就労選択支援」▼9といったサービスも生まれている。生活保護分野等では「三つの自立」支援が議論され「自立支援プログラム」のほか被保護者就労準備支援などが推進されている。

自治体を実施主体とする生活困窮者自立支援制度は「(属性や態様にこだわらない) 断らない相談支援」[10]を指向し、就労支援では就労準備支援や就労訓練 (中間的就労) などの新しい支援策を事業化し、さらに自治体等による「定着支援」や「無料職業紹介の活用」「職業訓練の活用」等が推奨され、支援内容の改革が打ち出された[11]。

これら就労支援の模索が進むに伴って、構造的課題が明らかになりつつある。最近のコロナ禍に対応する相談支援でもその課題が浮き彫りになっている。

3 就労支援のための仕事情報——福祉と労働の連携、そして基礎自治体の出番が問われる課題

(1) コロナ禍と「新たな相談者層」

困窮リスクを抱える不安定・低所得の就業者層などの新たな相談者層がコロナ禍によって一気に顕在化し、住居確保給付金や特例貸付等を申請する相談者として自治体や社会福祉協議会の窓口に殺到した (図表3－1)。ひきこもりやニート等の無業者層や、健康や生活、住居問題等を抱える就労困難層等に加え、従来は相談につながることがなかった就業者層の支援ニーズに直面した。例えば、飲食や観光等のサービス分野で働くパート・アルバイトや派遣労働者のほか、自営 (雇用類似の働き方含め) などの就業者で、若者や単身女性、ひとり親などが多

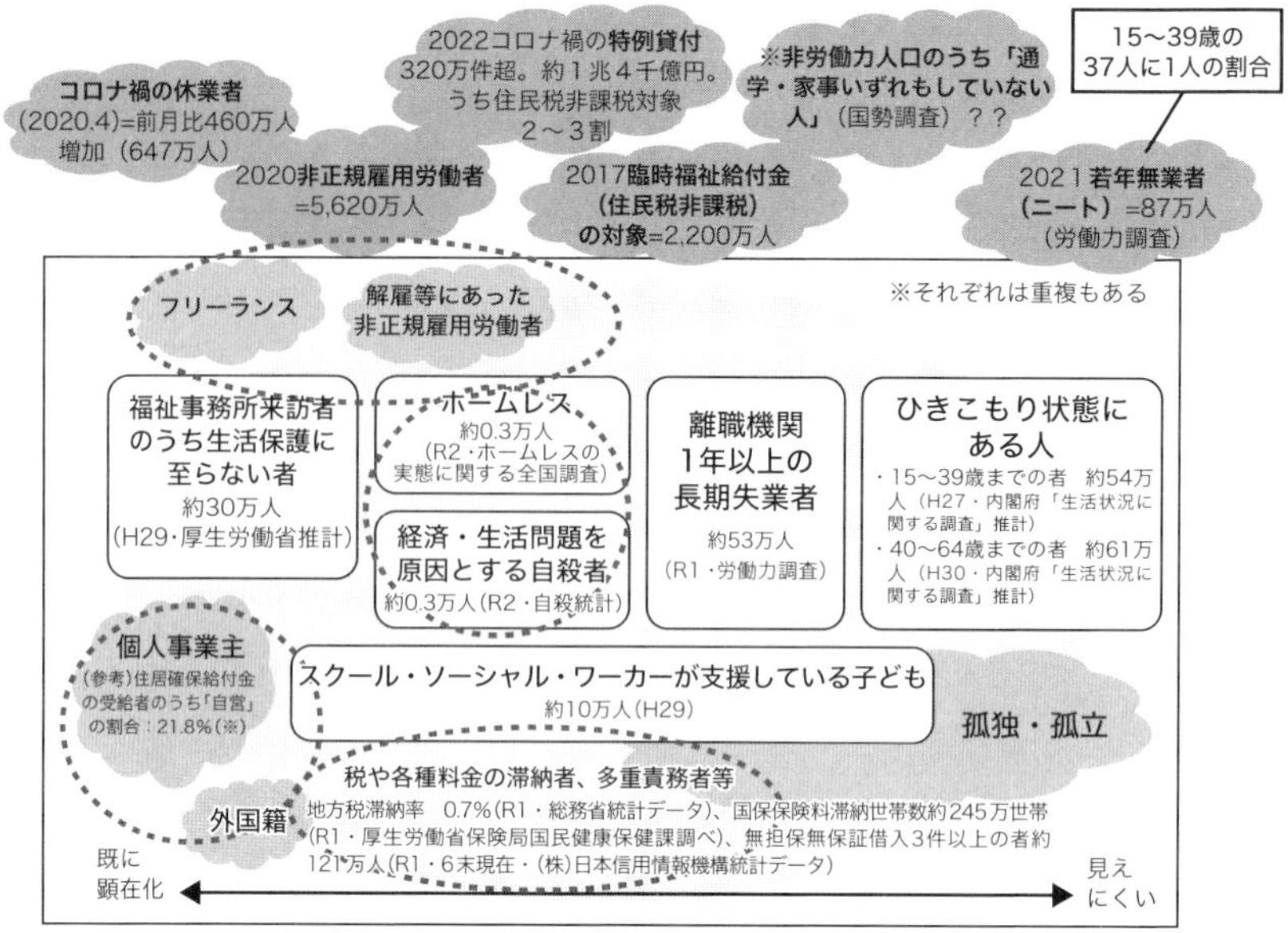

図表3-1　コロナ禍でわかったこと～「新しい相談層」の顕在化！～
出所：厚生労働省資料（令和４年７月29日）から筆者作成

数を占めていた。特別給付等の現場を担った相談窓口の活躍は評価されたが、就労支援では改めて重大な課題に気づかされることになった。

新たな相談者層は「就業‐非就業を行き来する」キャリアの模索・形成層の典型であり、生活困窮者支援制度の就労支援、特に就労準備支援や就労訓練（以下、就労準備支援等）による適切な相談支援が期待された層であった。また労働施策が運営する求職者支援訓練等の活用が想定された層であったが、これら支援策は有効に活用されたとは言いがたい。

その原因は、緊急対策の手続きに追われた体制の問題だけでなく[12]、就労支援を実施するうえで欠かせない「仕事情報」が整備されていなかったことがあげられる。この点を詳しく説明しよう。

わが国で仕事探しや仕事のあっせんというと、労働施策で扱う「求人という仕事情報」が身近である。相談者は求職者として求人情報を手がかりに「紹介と面接、履歴書等」による活動を進めるのが一般的であろう。かつての就労支援でも履歴書の書き方や面接対策などの「求人につなぐ」「求職活動の準備支援」「就職支援」がよく見られた。しかしその後、相談者の実情に合わせて独自に求人や協力企業等を開拓する、さらに面接に同行する、あるいは事業所の見学や仕事の体験といった取組みなどが広がっていく▼13。この支援策の変化を仕事情報という観点から見ると、相談者が求職の前に理解したい、判断したい仕事の内容や働き方、職場環境などの情報を補完し充実させていることがわかる。相談者の自己理解や仕事理解に欠かせない「仕事情報」の提供である。

新たな仕事情報は求職に向かう段階だけでなく、さまざまな場面で活用される。相談者がめざす就労や仕事の目標を探る場面で、多くの相談者は自身の目標を言葉に表すことに慣れていない。そのため興味や能力、経験、こだわり等の価値観などを対話を通して振り返り、目標を言葉に換えていく。その過程は具体的な仕事情報を手がかりに、その内容を見学や体験、訓練などで確かめたり・試したりする行動となる。さらに求職活動においても、「仕事の内容」「働き方・職場環境等」の情報を中心に確かめ、具体的な就業「条件」を見極めていくことになる。

生活困窮者自立支援制度で登場した就労準備支援等は、〇相談者ごとにめざす仕事や働き方について理解を進める、〇職場環境や合理的な配慮等について理解し整理する、〇目標とする仕事の内容や働き方を確かめる・試す過程や行動プログラムであり、地域活動やボランティア活動への参加、仕事の見学や体験、就労訓練等の機会として提供される。もちろん、こうした個別の就労支援と並行して、生活や居住、健康等の課題に対応して必要な相談支援サービスも提供される。

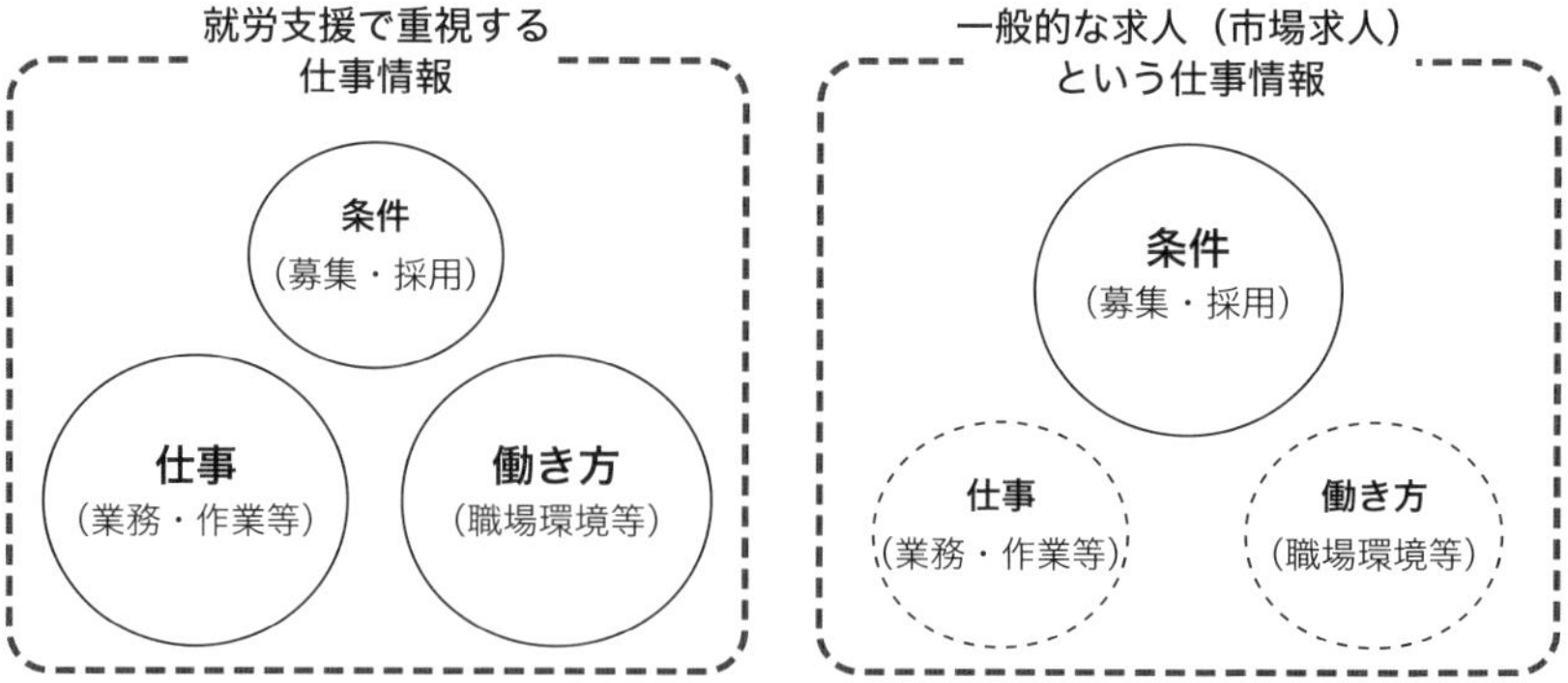

図表3-2　仕事情報の構成要素

（2）就労支援で利用する仕事情報

仕事情報は、就労支援で利用する内容と「求人」の内容では大きな違いがある（図表３－２）。求人は、主に募集や採用の「条件」情報が中心で、仕事の内容は一般的な職種表記が多く従事する業務作業まではわからない。働き方や職場環境に至ってはほとんど記載がない。「人」と「仕事」の結び付け方を「緩やかに」しておくというわが国の慣行がもたらしたものの一つだと言える。▼14。

一方、就労支援では、相談者が知りたい・確かめたい「仕事の内容」「働き方や職場環境等」の情報を中心とした仕事情報が重要な役割を果たす。コロナ禍の相談窓口を振り返ると、こうした仕事情報は支援者の手元になく、仕事に基づく就労準備支援プログラムも少なかった。支援者は従来の「求人」情報の利用や求職活動を助言するしかなかった。また寄り添い型の継続支援を案内しても、相談者には「また、求人の案内だろう」と勘違いされ、相談が中断するケースが多発した。短時間・短期間のパート・アルバイトや派遣等で非熟練労働を繰り返す若者たちは適切な相談のほか就労準備段階の支援や職場環境等の調整を必要としたが、相談窓口ではそのニーズに十分対応できなかった。

（3）就労支援のための仕事情報

若者支援をはじめさまざまな相談窓口の従事者や生活保護ケースワーカー等の支援者が、就労支援ニーズを判断する時に参照するのは求人情報が多い。そのため「希望する条件（収入や就業場所等）は…？」「業種は…？」などのやり取りになってしまう。そして求人情報を理解できるか・選択できるか、「求人」を利用し求職活動が可能かによって支援内容を判断してしまうアセスメントが一般的である。そして求人の選択とそれを利用した求職活動を動機づけすることが目的になってしまい、めざす仕事や就労を模索している要支援者には「就労を強制する」かのように受け止められる▼15。

コロナ禍の相談現場を振り返ると、支援者は要支援者の適職イメージを探り整理したくても、その対話を支える「仕事の内容」「働き方や職場環境等」の具体的な情報も、相談者の言葉や語りを紡ぎだす相談マニュアルもなかったといってよい。

ただちに働くには距離がある若者らにとって、就労の相談、特に最初の対話やアセスメントの段階で必要なのは「条件」情報ではなく、「仕事の内容」「働き方や職場環境」の情報である。生活困窮者支援制度において就労準備支援や就労訓練等が事業化された理由も、「求人」を使った就職支援では適切な仕事理解や自己理解を促す相談支援が進められないという反省からであった▼16。

就労支援のための仕事情報に必要なことは、①相談者が強みや課題等を確かめたり・試すために、作業特性等

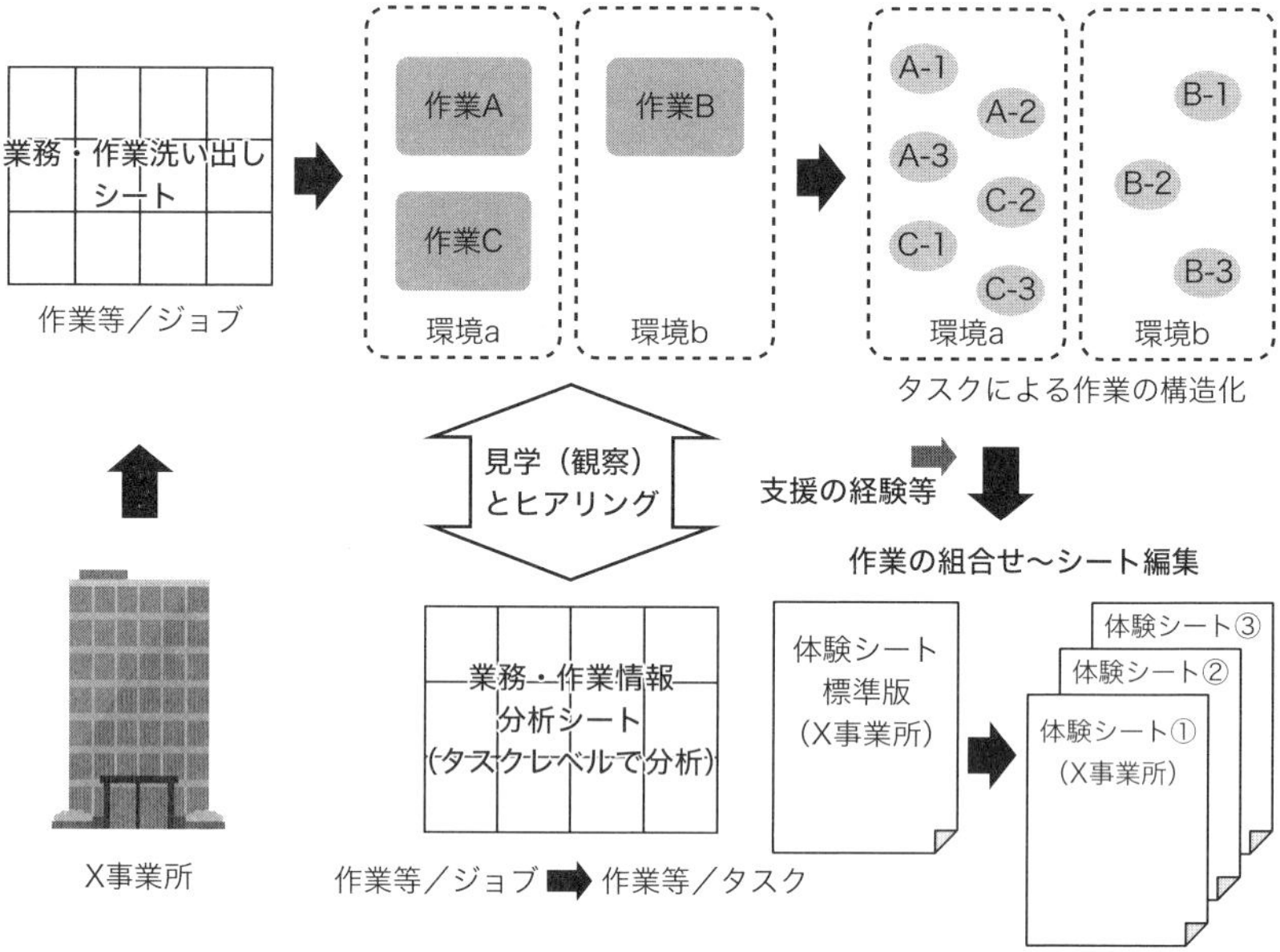

図表3-3　体験等のプログラムシート（仕事情報）作成プロセス

をわかりやすく整理すること　②前後の作業工程の関係や分担する時の留意事項　③チームや個人従事、流れ作業等の体制や職場環境　さらに、④業種や企業の特色等を理解する情報などである。一般的な企業見学やインターンシップの内容とはかなり違っている。またこの仕事情報は企業がつくることは難しい。なぜなら多様な相談者の強みや能力、必要な配慮等を見極めることに慣れていないからである。就労体験等は何よりも相談者が成功体験や自己肯定感を得ることを第一に、就労への自己理解や仕事理解の弾みとなる支援プログラムである。

若者支援でも同様の留意が必要である。若者が仕事や職場環境等を事前に理解する・確かめる経験は初めてであろう。また第一線の相談従事者も求人情報に慣れてきたことを考えると、わかりやすく伝えるためには、就労支援のための仕事情報は言語化・可視化（写真等含め）されていることが望ましい。就業経験が少ない若者や発達傾向の課題を抱えるケース、新しい職場環境に不安を抱える転職ケースなどでは仕事の内容の調整に加えて、従事する体制や職場環境の情報と調整がより重要になる。

こうした仕事情報の作成については紙幅の関係で詳細は述べられないが、図表3－3の「体験等のプログラムシート」等の作成プロセスが考えられる▼17。

4 新たな若者支援施策と就労支援、労働施策

わが国の就労支援施策は、福祉や教育分野等における制度別の取組み、そして個別の相談支援を重視する形で形成されてきた。また、企業等と連携した就労体験や中間的就労等の工夫や無料職業紹介の活用など、「労働施策との連携」には解消できない内容を独自に拡充してきた。それは就労困難者や若年失業者の増加、低所得層の拡大など「対象の拡大・多様化」に対応する必然的な「支援内容の改善・改革」でもあった。高齢や障害、困窮者等の施策展開を振り返ると、若者支援施策も今後「対象の拡大・多様化」が図られるとともに「支援内容の改革」が問われる。

そこで、①要支援層の拡大・多様化への対応として、「つながりにくい（顕在化しずらい）」支援ニーズに気づき得る第一線の相談窓口やアウトリーチなどの改善、②相談窓口の開設に終わらない支援内容の改善、③地域の労働市場への関与という三つの課題を取り上げたい。新規卒業者を含め若者が就職活動において自己責任が強調され、労働市場への過度の適応が求められるわが国では、めざす就労・キャリア形成に向けてさまざまな試行錯

誤が予想される。適切な相談支援の整備とともに、インクルーシブな企業・労働市場づくりは特に強調したい。

就労準備段階の支援や中間的就労、福祉的就労などには、安心や心理的な安全のための「見守られた（合理的配慮が確保された）環境」を確保するという側面と、「仕事や労働（ボランティア等の社会的活動を含む）に基づく」支援として、従事する業務作業や労働を通じて、自己理解や仕事理解（必要なスキルや能力等の理解を含め）を促進する側面がある。例えば障害分野の「施設外就労」等の工夫は典型である。参加しやすい環境の調整だけでなく、能力開発につながる要素や契機に注目するならば、連携するインクルーシブな企業の開拓や育成にも技術や工夫が問われる。就労支援のための仕事情報の整備・活用はその一つである。また企業等は仕事情報の整備や活用の場面を通じて、インクルーシブな取組みを経験し内部化していく。こうした地域の労働市場への参画を想定すると、その推進役として自治体の役割は大きく、自治体とハローワーク等の労働施策関係機関との新たな協働に期待したい。

無料職業紹介の活用は自治体の必須課題となるだろう。すでに活用が進んでいるが、合同就職面接会等の「ハローワーク型就職支援」タイプの活用がまだ多い。今後、無料職業紹介所がインクルーシブな企業の拠点となって仕事情報の整備を推進し、さらにその活用による相談支援の拡充をもたらす相乗効果に期待したい▼18。就労支援の事業評価も欠せない。相談件数や就労数等に加えて、仕事情報やプログラムの整備や利用の状況さらに企業等の採用・人事管理の改善への効果、協力企業数やインクルーシブな労働市場の形成状況なども評価指標となりうる。

若者の就労支援は制度別の取組みとしてはまだ歴史が浅く、自治体の担当部署の新設も考えられる。体制の整備では、個別相談への関心は高い反面、就労支援は安易な「就職支援」モデルを模倣した活動に陥る恐れもある。

地域の就労支援施策の到達点を踏まえ若者支援分野が果たす積極的な役割を打ち出してほしい。中でも就労経験も能力開発の蓄積も乏しい若者にとって、就労支援のための仕事情報を利用した積極的な「キャリアの模索」や職業訓練の活用は欠かせないテーマとなる。職業訓練も単発的に利用するのではなく、さまざまな支援プログラムを組み合わせる地域の就労支援施策として構想し推進してほしい。

注

1　失業率はそれまで2~3%台で推移していたが、1995年から2013年まで4~5%、2002年に戦後最高の5・4%になる。有効求人倍率は1993年から2013年まで2年度を除き1倍を下回った。

2　日本で若者の雇用・就労問題が政策課題になる契機は2003年の若者自立・挑戦戦略会議の発足と「若者自立・挑戦プラン」作成であった。濱口桂一郎（2013）『若者と労働』中央公論新社

3　その後、職業能力開発局にキャリア形成支援室が設置され、2017年に同室は人材開発統括官付の若年者・キャリア形成支援担当参事官室に引き継がれている。

4　例えば、大阪府は分権改革後の地域雇用施策を高齢者や若者、ひとり親、障害者などの就労困難者に対する市町村をベースにした「地域就労支援事業」を展開する。西岡正次「就労支援は地域政策になるのか？」五石敬路ほか（2017）『生活困窮者支援で社会を変える』法律文化社

5　生活困窮者自立支援法の施行と併せて、厚生労働省は「新たな時代に対応した福祉の提供ビジョン」をまとめた
https://www.mhlw.go.jp/file/05-Shingikai-12201000-Shakaiengokyokushougaihokenfukushibu-Kikakuka/bijon.pdf

6　就職氷河期世代支援の取組みは、若者支援においても就労支援施策にとっても重要な契機となると期待された。西村幸満（2022）「就職氷河期世代以降の生活保障にむけて」『現代思想』150巻16号、青土社。辻明子（2008）「就職氷河期世代の老後に関するシミュレーション」NIRA研究報告書

7　「変化する雇用の仕組みや慣行の中で、めざす就労・職業（労働権）やキャリア（権）の実現に向けて何らかの援助を要する対象者に対して行う一連の相談支援であり、多様な当事者が関係する取組み」とした。西岡正次「若者施

策としての就労支援」宮本みち子・佐藤洋作・宮本太郎編著（2021）『アンダークラス化する若者たち』明石書店

8　支援対象の推計は、生活困窮者自立支援度発足当時は生活保護の相談件数などが参照されたほか、臨時福祉給付金（2014年〜）の給付対象となった「住民税非課税の世帯」のデータ、失業者や非正規雇用者、非労働力人口のうち「通学も家事もしていない者（無業者）」のデータから基礎数値が参照される。

9　就労系障害福祉サービスには、就労移行支援事業や就労継続支援A事業、同B型事業、定着支援事業などがあるが、2022年の障害者総合支援法改正法施行後の3年の見直しで新たに「就労選択支援事業」が打ち出された。

10　生活困窮者自立支援法改正法（2018年）で、基本理念と生活困窮者の定義が「…支援は生活困窮者の尊厳の保持を図りつつ、生活困窮者の就労の状況、心身の状況、地域社会との関係性その他の状況に応じて、包括的かつ早期に行わなければならない」と補足された。

11　生活困窮者自立支援制度の就労支援の特徴は、⑴従来の求職活動にこだわった支援から、多様なゴール（生活面や社会参加等を含む準備段階）を尊重する支援に転換したこと、⑵相談者が多様な就労やキャリア形成をデザインし実現することを可能にする一連の支援策を打ち出したことである。

12　伝統的な社会保障給付である金銭・現物・サービスとともに、相談支援の重要性が注目されている。菊池馨実（2019）『社会保障再考』岩波書店

13　オーダーメイド型就労。宮本太郎「若者支援の政策理念」宮本みち子・佐藤洋作・宮本太郎編著（2021）『アンダークラス化する若者たち』明石書店

14　「企業における人の雇い方、ないし働き方が長期継続性や集団性をより重視したものとなっているために、企業の中で、『仕事』と『人』の結びつき方ができるだけ緩やかなものになっていることが必要である」田中博秀（1980）『現代雇用論』日本労働協会

15　働き方・働き手の多様化に伴う課題として、「就業困難者を主な対象として、（中略）究極的には就労をゴールから支援の対象へと転換する必要性」を指摘している。倉田賀世（2021）「就業困難者を受容し得る社会保障制度の構築に向けて」『社会保障法』第36号法律文化社

16　仕事に基づく研修・訓練。五十畑浩平（2020）『スタージュ　フランス版インターンシップ』日本経済評論社ほか

17　就労体験で従事する業務作業の特徴は、理解力や判断力、変化への対応、速度、正確性、体力、報連相、手先器用度、手腕器用度、対人力など15項目で分析する事例がある。

18　新しい仕事情報の事例。電気計器株式会社（大阪府豊中市）の企業概要シートと事業所内体験シート　2022

年8月24日社会保障審議会生活困窮者自立支援及び生活保護部会資料5参照 https://www.mhlw.go.jp/content/12501000/000978682.pdf

第4章

若者と社会保障制度

矢野茂生

1　若者をめぐる社会保障制度の「手薄さ」

(1) 若者に厳しく、持続可能が困難な社会保障制度

そもそも社会保障制度とは「国民の安心や生活の安定を支えるセーフティーネット」であり、個人の責任や自助努力では対応しがたい疾病・障害・高齢・失業などの社会的リスクに対して「公的に助け合うしくみ」である。日本における社会保障は、「社会保険」「社会福祉」「公的扶助」「保健医療・公衆衛生」の四つの柱から設計され、「保障の方法」や「制度の目的」によって分類すると、図表4-1のようにまとめることができる。日本における社会保障制度は、経済成長とともに拡充され、経済と社会保障が手を携えて社会を支える福祉国家が成立してきた。しかし、「人口構造(超少子高齢化)」「経済の低成長」「雇用の不安定化」など社会保障を支える基盤が大きく変化している。社会保障を支える基盤が弱くなることは、すなわち助け合いがうまくいかなくなることであり、それは、助け合いを必要とする方々の暮らしや生き方に大きな影響を及ぼす。中でも、若者期の社会保障はもともと薄いことに加え、若者支援現場から見える助け合いを必要とする若者のニーズとはミスマッチが多いように感じる。

そこで、本章では、「さまざまな生きづらさや困難を抱える若者に対して、社会保障制度がセーフティーネット機能を果たしているのか。果たせていないとするなら、または不十分であるなら、どこに課題があるのか。さらには若者のニーズに届くためにはどのような機能が必要なのか」などについて、支援現場にある若者の実態を

交えながら検討していく。

（2）若者や家族にゆだねられる社会保障制度

当法人が大分県より委託されている「おおいた青少年総合相談所（以下、相談所）」は、大分駅近隣の商店街の中に位置する。周辺は飲食店やデパートなどが立ち並ぶ「繁華街」である。「相談所」というネーミングに違和感を覚えるものの、「街中の立ち寄りやすさ」ということを重視している。相談所は大分県が2014年より掲げた「相談支援のワンストップサービス」が適用され、3階建てのビルの中に「大分県子ども・若者総合相談センター」「大分県ひきこもり地域支援センター」「児童アフターケアセンターおおいた（社会的養護自立支援事業）」「おおいた地域若者サポートステーション」という四つの事業（機能）を集めている。当法人はその中で三つの事業（子ども・若者総合相談、ひきこもり地域支援、児童アフターケア）を運営している。

相談所にはさまざまな相談が寄せられる。近年はコロナ禍の中で相談件数も増加し、2020年度は三つの事業で、のべ1万1000件以上の相談が寄せられた。まずは現場の実践等から、「若者にとってニーズの高い社会保障とニーズをカバーできない・しにくい実態」について確かめてみたい。

保障の方法による分類	
制度の種類	主な制度
社会保険	医療保険・介護保険・年金保険・労災保険・雇用保険
社会福祉	児童家庭福祉・障害者福祉・高齢者福祉にかかわる諸制度
公的扶助	生活保護・生活困窮者自立支援制度
社会手当	児童手当・児童扶養手当・特別障害者手当・特別児童扶養手当
制度の目的による分類	
制度の種類	主な制度
所得保障	年金保険・労災保険・雇用保険・社会手当の諸制度・生活保護
社会福祉	児童家庭福祉・障害者福祉・高齢者福祉にかかわる諸制度・生活困窮者自立支援制度
医療保障	医療保険・労災保険（療養補償給付等）
介護保障	介護保険

図表4-1　社会保障制度の分類

出所：一般社団法人日本ソーシャルワーク教育学校連盟編集（2021）社会福祉士・精神保健福祉士養成講座第7巻『社会保障』

①雇用や就労に関する保障

コロナ禍で相談支援現場には「就労相談」が激増した。その多くは「非正規雇用」の状態から勤め先が閉業または アルバイト勤務が減少し、経済的な困窮に陥った若者だった。もともと「社会保障適用外」であった若者も少なくない。例えば、失業による労働保険が適用されない、さらには健康保険や厚生年金などの社会保険に加入できておらず、失職によって国民健康保険も滞納中。家族がうまくカバーできれば…なのだが、例えば社会的養護を巣立った若者はどうであろうか？　家族や親がいない、もしくはうまく機能していないことは容易に想像できる。また、社会的養護を経験した若者ではなくとも、過去の虐待や親からの支配、または不調和などで家族との接点を避ける若者も多くいる。そのような若者に家族からのカバーを期待することはできない。

このような状況から見えてくることは、「若者期のセーフティーネットはきちんと就職することによって、または家族の状況によって保障される限定されたもの」とも言えるのではないだろうか。ブラックバイトなどと揶揄《やゆ》される労働と社会保障が乖離している状況で生活する若者、ひきこもり等の状態にあり社会参加が困難な状況にある若者、家族との親和性が困難な状況にある若者など、最も社会保障を必要とする層に届きにくい状況にあると言わざるを得ない。さらに、就職や家族に紐づいている医療保障などは「条件が整わなければ医療サービスを受けにくい」ということになり、若者の健康やメンタルヘルスの課題に直結する。このようなことから、社会保障制度そのものが「本人や家族の状況にゆだねられている状態」であり、困難を抱える若者の現実が深刻であればあるほど、機能不全になりやすい。

②社会福祉関連と公的扶助

若者個人が抱える特性やメンタルヘルスの問題等で、社会保障を利用しにくい若者も増加している。児童期の虐待や親のメンタルヘルス、さらにはヤングケアラーなど背景にはさまざまなものがある。現場では「なぜもっと早く相談の窓口等につながらなかったのか」と思えるケースが非常に多い。この背景には「日本型福祉社会論」（社会保障政策において家族が助け合いの基盤にあるという家族至上主義な考え方）のような保守的な思想があり、社会保障制度も若者「個人」よりも「世帯の状況」が重視される。わかりやすい例が「生活福祉資金貸付制度」や「生活保護」などの公的扶助である。ホームレス状態にある若者や危機的な困窮状態にある若者に、「今」をしのぐための公的扶助の利用を提案しても、「家族世帯と同一世帯」の状況にある場合は、すぐにうまく利用することはできない。また、家族との関わりを拒否する若者の場合は、なおさら若者自身の意思決定のみでは社会保障の利用が困難なことが多い。こういったジレンマが「家族世帯」を基盤とされる公的扶助には多くあることが課題であると言わざるを得ない。

さらに公的扶助に関する分野で、若者の「居住支援」（住宅制度など暮らしの支援）について検討したい。結論から言えば、支援現場からは「なんとかしてもらえないか」と強く憤りを感じている部分である。児童期には、家族が養育できない、または家族の養育が適切でない状況にある場合、児童福祉法（18歳まで）によって措置制度等が利用できる。しかし、若者期には公的な保障はほとんどない。生活困窮者自立支援制度における一時生活支援事業等はあっても、ケアを必要とする若者への寄り添いが乏しい。さらに、そういった住まいには、何らかの制約（持ち物や生活時間の制約等）があったり、利用する方々とのコミュニケーションが困難だったりする場合が多い。実際、現場では「これだったら公園で寝ます」というような声も聞かれ、若者に対する居住に関する保障については、大きな課題であると認識している。一部の地域で民間団体等の善意によって「シェアハウス」などの居住に関する取り組みが行われているが、本来は公的な支援が必要とされる部分である。就労に困ったり、経済的な危機があったり、家族が頼れない状態でも「住まいや暮らしはとりあえず確保できること」が非常に大切である。若者期の居住支援は早急に保障されるよう、制度の新設・拡充を期待したい。

③その他の制度

その他、いくつかの社会保障について、「利用しにくさや障壁」を追記する。「条件や手続き」の面でより深刻なのが障害年金制度である。近年、発達障害などの社会的認知は広くなったが、はっきりと認知されない障害について社会サービスを利用するハードルは非常に高い。そもそも適切な養育や教育、治療等を受けることができず、「なんとなくうまくいかない」ことを繰り返し、精神的なダメージを受けている若者がいる。離職と失職を繰り返し、友人や仲間とのつながりを喪失し、やっとの思いで相談支援の窓口を訪れる。支援者は、障害者手帳の取得や障害年金に関するサポートに伴走していく。しかし、審査基準という壁を突破したとしても障害の程度や年齢による支給額基準など、社会保障を享受するまでの道のりが非常に厳しい。

また、広義の社会保障制度にはなるが、奨学金制度も同様な課題を持っている。今や大学生の2人に1人は奨学金の利用者であり、貧困や格差の急増で、親の経済的援助を受けられない学生が急増しており、学費の高騰もそれを後押ししている。日本における奨学金の多くは「貸与型奨学金」であり、返済の義務がある。「給付型奨学金」や「所得連動方式奨学金」なども進んではいるものの、大学卒業後3人に1人は非正規雇用という現実において、その返済に大きな負担を抱える若者が多いことは明らかである。そのような現実があることで、進学をあきらめる若者も多い。社会に支えられたことで次のステージをめざす、つまり支え手として活躍していくことが容易ではないことを意味している。

2 「相談支援」の可能性と「地域」という基盤

(1)「相談支援」と「手続き支援」

これまで述べてきた通り、若者をめぐる社会保障制度はセーフティーネットとして非常に薄く、若者期にある多様なニーズをカバーできていない。制度の改革や拡充は当然期待するところであるが、「相談支援」という機能が同時に見直されていくことが大切であると考える。さらには制度や専門的機能に頼らない「地域」という生活の場におけるセーフティーネットについても少し検討したい。

相談支援は生活保護に代表される給付業務の一環として位置づけられてきた経緯がある。私はそのような相談支援を「手続き支援」と呼んでいる。2004年の社会保障審議会福祉部会の提言に基づき、2005年から生活保護受給者を対象とした「自立支援プログラム」が開始された。これは単に就労を促すものではなく、社会生活における自立支援(多面的な自立支援)へとつながってきた。いわゆるソーシャルワークの視点が位置づいたことを意味する。しかしながら、現場ではまだまだ「相談支援は制度ごとに付随される機能」のような位置づけにあることが否めない。

実践レベルで考えてみよう（ケース内容は個人が特定されないように配慮しています）。

生活困窮者自立支援制度における自立相談支援機関に経済的な困窮状態を抱えた若者が相談に行った事例。聞けば若者は「まだクビと言われたわけではないが、アルバイトの回数が激減した。約2か月家賃を滞納している」という内容だった。貸付を紹介したが、返済の不安からか、あまり乗り気ではない。自立支援機関の相談員は若者の窮状を理解しながら話を進めると、「他のアルバイトはないか」という話になったようで、ハローワークを紹介する。ハローワークを訪ねた若者は、窓口でうまく対応できなかったのか、相談員から当相談所に行ってみてはどうかと言われ、その場で当相談所へ連絡。若者との出会いとなった。詳細は割愛するが、結果としてこの若者は多少知的なハンディはあったものの、複数の企業や事業所で仕事の体験などを行い、雇用側とのマッチングを確かめながら、現在はある会社で生き生きと活動している。この事例は、当相談所の機能を自慢しているわけではない。この若者があちこち窓口を行き来しながらも「相談することをあきらめなかった」ことに価値がある。きっと社会には「相談したいけどしない」「相談してみたけど嫌になった」「相談することをあきらめた」などの若者が相当数いると感じる。相談支援をあきらめる若者は社会保障サービスに届かなくなる。相談支援と社会保障制度には密接な関係性が存在する。

他人に相談することはただでさえ「高いハードル」が存在する。相談支援を行う組織や団体は、背景にある法律や制度によって、その役割を制限されている。「困難を抱える若者を真ん中にした相談支援」が包括的に機能することによって、社会保障は有効な機能を果たす。つまり、相談支援は社会サービスや給付事業に付随するものではなく、独立した専門機能として存在する必要がある。

（2）地域における支えあいの機能（地域セーフティーネット）

かつての日本社会は、地域の相互扶助により、日常生活における不安やリスクを受け止め、支えあう機能が存在していた。現代社会において、概念的な人のつながりの希薄化、現実的な人口減少や高齢化は、特に地方においてはかなり深刻な状況にある。それは困難を抱える若者やその家族を直撃していると言わざるを得ない。例えばひきこもり状態にある若者は、多くの場合、そこに至るまでさまざまなＳＯＳを発信する。しかし、家族が地域を頼れない。家族が抱え込んだ状態の中で、ある時、その困難は思いもよらない形で表出する。実際、現場で出会うひきこもりのケースは「長期化・高齢化」が増加し、制度や適切なサポートにつなぐことができにくい事例が多くある。

そのような中、市町村単位で展開される「重層的支援体制整備事業」がデザインされた。「包括的な（断らない）相談支援」「多機関協働」「参加支援」「地域づくり」などのメニューを見ると、まさしくそれは「地域ごとの実情に応じて、多様な資源、公的支援、地域住民のつながりの再構築をめざす」ことに他ならない。市町村で聞かれる共通の課題は「相談支援」である。属性や制度に付随された相談支援では対応できない地域課題があることは、周知されてきた。地域における助け合いを豊かにするためには、自らの地域における資源を開発・創出しなければならないのである。膨大な負担感を感じる方もいらっしゃるかもしれない。しかし、現場では、相談員が地域の企業や事業所に出かけていき就労や体験のメニューを開発したり、地域の方々との対話活動を行ったり、子どもから高齢者まで参加できる居場所づくりやイベントの企画を行うなど、意気揚々と活躍する支援者が増えていることを感じる。ある相談員は「相談の呪縛から解放された気がする。自信を持って相談を受けるには、その出口にあるメニューが増えていくことが大切。しかも、地域の方々と一緒につくっていけることがうれしい！」と話す。まさしく相談支援がきちんと独立し、必要なツールを創り出しながら、属性を問わない（対象を限定しない）相談を実施することが動き始めてきた。そして、独立した相談支援の先にあるツール（就労支援や居住支援、そして給付など）がしっかりと開発・確保されていけば、地域はより豊かに機能していくのではないかと考える。ひいては、そのような地域のセーフティーネットは社会保障制度を支えていくことにつながる。

3　届けるデザインと届くデザイン

若者のみならず、現代の多様な困難は「属性やリスクごとに設計されたさまざまな福祉政策のデザイン」では対応しきれない。家族形態の多様化、家族機能の変化、雇用や労働観・働き方の変化、地域コミュニティの縮小化などをみると、マクロ的な視点に立てば「人のつながり」が大きく変化していると言えるのではないか。そうであれば、家族や世帯を基盤として（家族のつながりを基本として）設計された社会保障制度は、早急な再設計（redesign）が必要であろう。

若者期の社会保障制度として特にニーズが高いものとして「雇用や就労に関する保障」「公的扶助」「医療保障」などがあげられる。それらの制度が若者に届きやすいデザインになることが望まれる。さらに現在制度としては若者に届かない「居住保障」（住宅制度などの暮らしの保障）の再設計や新設が早急に求められる。また、本論では深く触れなかったものの、「若者期の困難を予防する社会保障」としての社会福祉（児童福祉や子育て関連）

については、持続可能な社会保障制度を考えるうえでも重要になってくる。
「国民の安心や生活の安定を支えるセーフティーネット」は、若者にとって非常に薄く、しかもそれらは若者に届きにくいデザインになっている。若者支援現場に身を置くひとりとして、「若者に届くデザイン」として描けることを期待する。社会保障を届けられたひとりの若者は、これからの社会保障を支えるひとりとして成長していくのだから。

引用・参考文献――

菊池馨実（2019）『社会保障再考――〈地域〉で支える』岩波新書
菊池馨実編著（2022）『相談支援の法的構造――「地域共生社会」構想の理論分析』信山社
濱口佳一郎（2009）『新しい労働社会――雇用システムの再構築へ』岩波新書
岩重佳治（2017）『「奨学金」地獄』小学館新書
宮本みち子・佐藤洋作・宮本太郎編著（2021）『アンダークラス化する若者たち――生活保障をどう立て直すか』明石書店

第5章

若者の住まいと住宅政策

川田菜穂子

はじめに

高度経済成長期の日本においては、安定した職につき、結婚して子どもを持つといった家族形成の過程が、人びとを親からの自立へ、賃貸住宅から持ち家へ、より質の高い住まいへ、資産形成へと導いてきた。しかし、1990年代以降、雇用と所得が不安定化し、格差や貧困が広がっている。このような社会変化はとくに若い世代に大きく影響し、親からの自立や結婚、子どもを持つことなどに希望を持てない若者を多く生んだ。

若者が生活や家族形成に困難を抱える背景には、不安定な雇用や所得のみならず、住まいの問題がある。住まいは、人びとが生きるために、生活していくためになくてはならない基盤である。しかし、若者が住宅市場の中で、アフォーダブルな住まい（適切な経済負担で居住できる良質な住まい）を確保することは容易でなくなってきている。

安定した住まいを確保できない人たちが増える中で、政府は住宅セーフティネット政策を展開している。しかし、その中核となる公営住宅の供給は限られ、とくに若年単身者は入居対象から除外されている現状がある。公営住宅を代替するものとして、民間賃貸住宅の空き家を活用したセーフティネット住宅（住宅確保要配慮者の入居を拒まない賃貸住宅）の登録制度等が始まっているが、その実績は乏しく、現時点で十分に機能しているとは言いがたい。

本章では、若者を取り巻く日本の住宅システムの動向や課題、困難を抱える若者たちの住まいの実態やニーズについて概説し、若者の自立や安定的な生活、家族形成を支えるための住宅・居住支援のあり方を検討する。

1　若者を取り巻く日本の住宅システムの動向や課題

ここでは、若者を取り巻く住宅システムとして、公的住宅、企業福祉、民間賃貸住宅市場の三つに着目し、それらの動向や課題について概説したい。

(1) 公的住宅

戦後日本の住宅政策は、中間所得層の家族世帯の持ち家取得促進に主眼を置いてきた▼1。住宅金融公庫による長期・固定・低金利の住宅融資による持ち家取得支援が住宅政策の中心的な役割をはたし、低所得層を対象とする公営住宅等の供給はきわめて限定的であった。先進諸国の多くが給付する家賃補助等の公的な住宅手当も、わが国では生活保護における住宅扶助といった極めて限定された形でしか供給されてこなかった。

低所得層を対象とした低廉な家賃の公営住宅は、自治体が供給している。しかし、その管理戸数は2005年度の約219万戸をピークに減少しており、2018年度には216万戸となっている。総務省の住宅・土地統計調査によると、全住宅に占める公営住宅の割合は、1968年の5・8%から、2018年の3・6%へと減少した。全国の自治体では、公営住宅に関する長期的な供給計画を立てているが、多くが財政難や人口減少、地域における空き家の増加を理由に、管理戸数を段階的に減らす予定をしている。また、現存する公営住宅は、その6割以上が建設後30年以上を経ており、建物・設備の老朽化が進んでいる。

公営住宅については、多くの自治体が、子育て世帯やひとり親世帯の入居を優遇しているのに対して、若年単身者の入居は条例で制限している。立地・老朽化などの問題で応募倍率が低い公営住宅に限っては、若年単身者の入居を認めるなど、要件を緩和している自治体もある。しかし、給湯器がない、浴槽がない、空調設備もないなどの劣悪な状態のままでは、いかに住まいに困窮していようとも、応募・入居にいたらない場合が多い。公営住宅は限られた供給しかなく、そのストックすら老朽化が進んでいるため、生活に困窮している若者の住まいの選択肢にならない状況にある。

また、戦後から高度経済成長期にかけて、中低所得層の勤労世帯を対象とした賃貸住宅の供給に貢献してきたのが日本住宅公団である。幾度かの改革を経て、2004年には独立行政法人都市再生機構（UR）へと移行されたが、その過程において、家賃が値上げされ、1999年には市場家賃（近傍同種の住宅と同水準とする）へと変更された▼2。都市再生機構は2019年において、約72万戸の賃貸住宅を管理しているが、家賃は民間並みの水準となっている。一方で、初期費用が比較的少なく、保証人・保証料を必要としない同機構の賃貸住宅は、中低所得層の若者にとって、住まいの選択肢の一つになっている。

（2）企業福祉

戦後の日本において、若者の住まいの確保に寄与してきたのが、企業等における福利厚生である。企業は従業員を確保するために、社宅や寮を完備し、持ち家取得を支援するための財産形成貯蓄や社内融資、家賃補助などの住宅支援制度を充実させた。しかし1990年代に入ると、財政難などの理由から、多くの企業が社宅や寮を手放し、福利厚生の住宅支援を縮小した。日本経団連が実施している福利厚生費調査によると、住宅関連の福利厚生費は2000年度から減少に転じ、近年にいたるまで抑制傾向が続いている。また、労働市場が変容する中で、福利厚生の対象とならない非正規労働者が増加した。一方で、遠隔地居住のため寮や社宅等を提供する派遣労働や期間労働などの雇用が普及した。

日本において、企業福祉等の住宅支援は、労働者に好意的に評価されている。しかし、国際的な認識において、企業等の使用者による労働者への直接的な住宅供給には問題があるとみなされてきた。国際労働機関（ILO）は1961年に採択した『労働者住宅に関する勧告（第115号）』において、「使用者がその労働者に直接住宅を提供することは、（中略）やむを得ない事情のある場合を除き、一般的に望ましくないことを認識すべきである」とし、労働者への住宅供給は公的住宅政策の責任において行われるべきと警告している。使用者による住宅提供は、雇用情勢により労働者の生活基盤に直接的に影響し、労働者が私生活の場でも使用者等の監視の目にさらされるなどの点において好ましくないためである。

例えば、2008年9月に発生した大手投資会社リーマン・ブラザーズの経営破綻を契機とする世界金融危機では、派遣労働などの非正規労働者を対象とする大規模な解雇や雇い止めが行われ、多くの若者が仕事と住まいを同時に失った。路上生活等にいたるホームレスには、労働者住宅を退去した層が多いことも指摘されている▼3 ▼4。雇用が流動化する中で、それにしばられやすい若者の住まいは、より一層不安定性さを増すようになった。

(3) 民間賃貸住宅市場

民間の賃貸住宅についても、アフォーダブルな住宅ストックは顕著に減少している。都市の再開発とともに、これまで低所得の労働者の受け皿となってきた木賃アパート等の劣悪であるが低廉な家賃の住宅の多くが淘汰された。住宅・土地統計調査をもとに、民間賃貸住宅に占める低家賃住宅（月額4万円未満）の割合を算出すると、1988年には全国の民間賃貸住宅のうち57・3％を占めていたが、2018年には17・9％にまで低下している。とくに家賃が高い東京都（特別区）についてみると、その割合は1988年の32・2％から、2018年にはわずか4・4％となっている。

近年では、若者を中心に、低廉な家賃で居住可能なシェアハウス（一つの賃貸物件に親族ではない複数の者が共同で生活し、入居や物件の管理に事業者が介在する居住形態）のニーズが高まっており、都心部を中心に普及している。国土交通省が実施したシェアハウスに関する市場動向調査によると、家賃については、運営する事業者の3割弱が「5〜6万円未満」と回答している▼5。調査対象の運営物件の6割が東京都に所在していることを考慮すると、家賃は比較的低く設定されている。また、保証金の安さ（事業者の4割強が「3〜5万円未満」）や保証会社の利用不要（84％が「不要」）など、入居のハードルが低いことが特徴的である。個室の面積は、事業者の5割弱が「7・5〜10㎡未満」と回答するなど狭小さが目立つ。また、契約形態は事業者の8割弱が「定期借家契約」と回答しており、契約期間は約4割が「6か月〜1年未満」と回答している。シェアハウスは若者にとって、セーフティネットとしての役割を果たしている一方で、設備の不備や狭小など居住水準が低く、契約期間の短い不安定な居住であることに留意が必要である。

公営住宅を代替するものとして、近年政府が取り組みを進めているのがセーフティネット住宅である。この住宅は、住宅セーフティネット制度に基づき登録され、住宅確保要配慮者（低額所得者や高齢者、障害者、子育て世帯など）の入居を拒まない賃貸住宅のことを指す。２０２３年４月時点の総登録戸数は全国で約85万戸におよび、政府が目標とした登録件数を大きく上回っている。一方で、登録住宅のデータを分析した平山の報告[6]では、実質的に住まいに困窮する者が入居可能な物件はわずか数％しかないこと、単独企業の管理・仲介物件がその登録のほとんどを占めること、地域的な偏在が大きいなどの点で、公営住宅に替わる住宅セーフティネットの役割を果たすには不十分であることが指摘されている。新たな住宅セーフティネット制度では、民間賃貸住宅を対象とした「家賃低廉化補助」や「家賃債務保証料補助」が創設されたが、それが適用される住宅は、地域にほとんど存在していない。

2 国際比較の視点から

日本のみならず、多くの先進諸国では、若者の雇用や生活の不安定、親からの自立や家族形成の困難が社会的問題になっている。しかし、若者の自立や家族形成を取り巻く状況は各国で大きく異なっており、その違いをもたらしている要因の一つが住宅システムのあり方である[7][8][9]。雇用の流動化が進み、経済の不安定が続く中で、若者が親からの自立や家族形成を果たすうえでは、アフォーダブルな住まいの確保が欠かせないからである。

	オランダ	イギリス	フランス	デンマーク	スウェーデン	フィンランド	スペイン	イタリア	日本
社会住宅の割合（%）	34.1	16.7	14.0	21.4	17.0	11.0	1.1	2.4	3.6
住宅手当関連支出（対 GDP：%）	0.53	1.38	0.69	0.72	0.32	0.88	-	-	0.11
住宅ローン残高（対 GDP：%）	91.2	69.1	48.6	83.7	91.2	42.9	40.4	23.1	37.4
親との同居率（25 ～ 34 歳）（%）	10.2	16.2	15.7	3.1	6.1	3.9	46.8	51.8	33.6
合計特殊出生率（TFR）	1.62	1.53	1.80	1.72	1.70	1.46	1.19	1.25	1.30

図表 5-1　各国の住宅システムの特徴と若者の自立・家族形成の状況

資料：データは各国とも 2018 ～ 2021 年のものを示している。「－」は不明、またはデータが古いため不掲載であることを示している。
社会住宅の割合および住宅手当関連支出は、日本以外は OECD Affordable Housing database より。各国とも 2018 ～ 2021 年の値を示している。日本について、社会住宅の割合は住宅・土地統計調査の公営住宅の割合（2018 年）を示している。住宅手当関連支出は生活保護の住宅扶助費を示している。
住宅ローン残高は European Mortgage Federation の Hypostat 2022 より。日本以外は 2020 年、日本は 2018 年の値を示している。
親との同居率（25 ～ 34 歳）は、日本以外は Eurostat（2020 年・イギリスのみ 2018 年）、日本は国勢調査（2020 年）より。
合計特殊出生率は OECD Family Database より。各国とも 2021 年の値を示している。

図表5－1は、日本と欧州諸国（オランダ・イギリス・フランス・デンマーク・スウェーデン・フィンランド・スペイン・イタリアの8か国）について、住宅システムの特徴と若者（25～34歳）の自立・家族形成の状況を示したものである。親との同居率をみると、デンマーク・フィンランド・スウェーデンの北欧福祉国家では極めて低く、それぞれわずか3～6％しかない。近年、若者の貧困や社会的排除が大きな課題となり、親の家にとどまる若者の増加が問題になっているイギリスやフランスでも、親との同居率は2割に満たない。一方、日本やスペイン・イタリアの南欧諸国は親との同居率が高く、3割以上におよぶ。また、親との同居率が高い南欧諸国と日本では、他に比べて出生率が顕著に低いのが特徴である。

欧州諸国の若者の雇用環境は日本よりも厳しく、失業率も高い。ではなぜ多くの若者が親の家から独立し、家族を形成することができるのか。それには、雇用や所得の安定、失業に対応する社会保障政策や子どもの出生・子育てを支援する家族政策のみならず、住宅政策の影響も大きい。オランダやイギリス、フランス、デンマーク・スウェーデンでは、市場よりも低廉な家賃で入居できる社会住宅（公営住宅を含む）が全住宅ストックの2割前後を占めている。その主たる居住層の一つは、低所得の若者である。また、イギリスやデンマーク、フィンランド、フランス、オランダなどでは、公的な住宅手当が普及しており、住宅手当関連の支出が多い。一方で、日本やイタリア・スペイン等の若者の親同居率が高く、低出生率の国ではどうだろうか。社会住宅は数パーセントしかなく、公的住宅手当の給付も極めて限定されているため、支出も少ない。

前述のとおり、わが国の公営住宅は、条例で若年単身者の入居を制限している自治体が多い。たとえ入居資格があっても、大都市では供給が極めて少ないために応募倍率が高く、若年世帯の入居は容易でない。また、欧州の先進諸国では、家賃や住宅ローンを補助する恒久的な住宅手当が存在する国が多いが、わが国ではあくまでも失業対策としての一時的な家賃補助（住居確保給付金）か、公的扶助（生活保護）と一体となった住宅扶助しか存在しない。このような若者を取り巻く住宅システムの不備が、若者の自立のハードルをあげ、結婚や子どもの出生といった家族形成を阻害することにつながっている。

3 困難を抱える若者たちの住まい

ここでは、筆者がこれまで関わった若者の生活と住まいに関する調査の結果を用いて、「低所得・未婚の若者」や「社会的養護を経験した若者」の住まいの実態や課題をみていきたい。

（1）低所得・未婚の若者の住まい

ビッグイシュー基金の住宅政策提案・検討委員会が、首都圏と関西圏に居住する未婚で低所得（年収200万円未満）の若者（20〜39歳）を対象として、2014年に実施したアンケート調査結果に基づき、彼らの住まいの実態と課題について明らかにしたい▼10 ▼11。この調査は、インターネットで実施し、1767名からの回答を得ている。

居住の自立の困難

回答者の多くが「非正規雇用」（47・1％）または「無業」（39・1％）であり、「正規雇用」（7・8％）は少なかった。77・4％が親と同居しているが、そのうち73・5％が「親の持ち家」に居住している。親と同居する理由で約半数を占めるのは、「親の家を出ても、住居費を自分で負担できない」（53・7％）ことである。雇用や収入が安定していないことから、賃貸住宅入居の際の審査を通ることも容易でなく、継続的な家賃の支払いが困難であることから、多くの若者が親の家にとどまっている。

住居費の過重負担

親と別居する若者の6割以上が賃貸住宅に居住し、手取り収入の多くを家賃や管理費等にあてている。住居費を負担している回答者について、手取り月収に占める住居費の割合を住居費負担率として求めると、30％未満におさまっている割合は4分の1に満たず、「50％以上」が3割を超えている（図表5－2）。低所得の若者にとっ

		%
住居費負担率	手取り月収なし	18.5
	20% 未満	10.1
	20 ～ 30% 未満	14.0
	30 ～ 40% 未満	16.6
	40 ～ 50% 未満	10.7
	50% 以上	30.1
	N	572

図表 5-2　住居費負担率（住居費負担のある回答者）

注：住居費負担率は、手取り月収に占める１か月あたりの住居費の割合。

- 賃貸契約に必要な保証人を探したが、みつからなかった
- 賃貸住宅入居に必要な敷金（保証金）・礼金・保証会社費用などの初期費用を用意できなかった
- 賃貸住宅への入居を拒否された（入居審査に通らなかった）
- 実家に戻りたかったが、戻れなかった
- 住宅ローンを借入れたかったが、できなかった
- 住宅ローンの保証人を探したが、みつからなかった
- 公営の賃貸住宅（都道府県営住宅、市町村営住宅など）に住みたかったが、入居できなかった
- ＵＲ（旧公団）・公社の賃貸住宅に住みたかったが、入居できなかった
- 家賃を滞納した・住宅ローン返済を滞納した
- 光熱水費（電気・ガス・水道など）を滞納した
- 固定電話の料金を滞納した
- 賃貸住宅の更新料を用意できなかった
- 立ち退きなど自分の意思によらない転居を要求された
- 実家に住んでいたが、出ていかなければならなくなった
- 寮・社宅などに住んでいたが、退居しなければならなくなった
- その他

図表 5-3　住まいの安定確保に関する問題の詳細

て、住居費負担はきわめて重く、しかも住居費は硬直性の高い支出であるため、長期にわたって家計を圧迫し続けることになっている。

住まいの喪失

住まいの安定確保に関して何らかの問題を抱えた経験がある割合は全体の13・1%であるが、親と別居している者では28・6%を占める。この問題とは家賃や光熱水費等の滞納、保証人の確保や信用審査（雇用状況や所得）、初期費用の捻出等の問題による入居困難、立ち退きや強制退去などである（図表5―3）。

また、定まった住まいを持たず、ネットカフェや漫画喫茶、カプセルホテル、友人の家などで寝泊まりしたとい

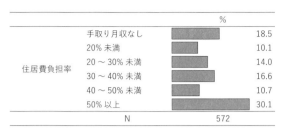

		%
全体		6.6
親との同別居	親と同居	4.6
	親と別居	13.5
住宅の所有形態	持ち家	4.8
	民間賃貸住宅	10.3
	公的賃貸住宅	2.7
	社宅・その他	23.4
N		1,767

図表5-4　定まった住まいがなかった経験がある割合

注：「公的賃貸住宅」は、公営住宅およびUR（旧公団）・公社の賃貸住宅。「社宅・その他」は、社宅・官舎、独身寮、住み込み、間借り・下宿、シェアハウスなど。

う広義のホームレス経験を持つ者は全体の6・6%存在した（図表5－4）。このような経験がある割合は、親と別居している者では13・5%と高く、社宅、官舎、独身寮、住み込みなどのいわゆる労働者住宅や、間借り・下宿、シェアハウスなどの不安定な場所に居住している者では4分の1近くを占めた。

老朽化する親の家・劣悪な環境の賃貸住宅

親と同居している者では、親の家は老朽化するなど、住宅の質においてさまざまな問題を抱えている。老朽化した家を適切に管理・維持していく経済力や気力を備えておらず、将来的に不良住宅ストックが蓄積されていくことが懸念される。親と別居する者は、ほとんどが賃貸住宅に居住しているが、遮音や断熱、日当たりや風通しといった質の側面において問題を抱えている割合が高かった。

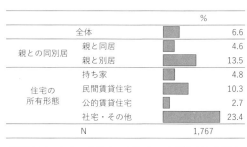

地域や社会と断絶した居住

回答者の多くが、近隣や職場の人、友人などに頼れるような人間関係を形成していない。親と同居している者でも、近隣に頼れるような人もおらず、誰にも、同居する親にさえも頼れないと回答する者が2割存在した。親族がさらに高齢になり、人との関係性を失っていく中で、地域や社会からの孤立をより一層深めていくことが予想される。また、親と別居している者も生活の困難や居住の不安定を経験する中で、孤立を深めている。困った時に相談できる相手は「誰もいない」という者が35・8%であった。親と別居する若者には、収入や雇用が不安定であるにもかかわらず、親との関係性がよくない、または親に頼ることができない者が多くいると想像される。

	%
健康であること	82.2
安定した住まいがあること	47.7
安定した仕事があること	47.2
趣味など、余暇が充実していること	33.4
食生活が良好であること	24.4
家族との関係が良好であること	20.8
友だちや人とのつながりなど、人間関係が豊かなこと	20.4
自分の夢などに向かって活動できること	10.6
住んでいる地域の環境が良好なこと	5.7
その他	3.6
社会に貢献していると感じること	3.3
N	1,767

表5-5　幸福な生活のために重要なこと（三つまでの複数回答）

幸福な生活のために重要な住まいの安定

幸福な生活のために重要なことについて、三つまで回答してもらったのが図表5－5である。最も多くあがったのは「健康であること」(82・2%)であるが、2番目に多かったのが「安定した住まいがあること」(47・7%)であった。未婚で低所得の若者にとって、「安定した住まいがあること」は「安定した仕事があること」(47・2%)と同程度に重要なことであり、幸福度を高める大きな要因になっている。

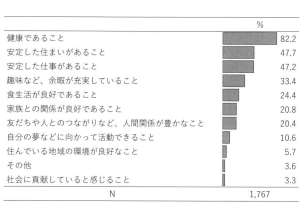

(2) 社会的養護を経験した若者の住まい

社会的養護のもとで育った若者の多くは原則として18歳で自立するが、親に頼ることができない若者の住まいの確保は容易でない。児童養護施設等を退所した者を対象とする福祉政策においては、賃貸借契約時において施設長等が連帯保証人になり、損害賠償や債務弁済の義務が生じた時に賠償額を保証する身元保証人確保対策事業や、家賃等の生活資金の貸付制度（5年就労継続による免除あり）などが整備されている。また、児童養護施設退所者をサポートする自立援助ホームが普及しつつあり、措置延長など柔軟な対応も検討されつつある。

住宅政策においては、住宅セーフティネットにおける住宅確保要配慮者として児童養護施設退所者が2017年にようやく位置づけられた段階である。しかし、住宅セーフティネットの中心である公営住宅にも、単身であることから、入居資格がない場合も多い。児童養護施設退所者等の公営住宅入居を認めたり、公営住宅をシェアハウスとして提供する取り組みをしたりしている自治体もある[12]が、その対応や支援は、自治体によって大きな差異があり、いまだ公的支援は十分でない。

ここでは、筆者が社会的養護経験者等の自立を支援するNPO法人ブリッジフォースマイル等の協力を得て2016～2017年に実施したアンケート調査および個別ヒアリング調査の結果に基づき、その住まいの実態や課題をみていきたい[13]。アンケート調査は、児童養護施設や養育家庭などを経験した18～44歳の男女、118名を対象に実施したもので、郵送による回収またはインターネットによる回答とした[14]。また、アンケート回答者の中から同意を得られた方（18名）を対象に、電話・または対面による個別ヒアリング調査を実施した。

長期におよぶ措置・早い退所

入所したことがある施設は「児童養護施設（寮型・施設型）」（92・4％）が最も多かった。施設等での滞在期間は「15年以上」（26・3％）が最も多く、長期滞在（7年以上）の経験者が64・4％を占めた。最後の施設を退所した年齢は「18歳」（68・6％）が最も多く、措置延長にあたる19歳以上は約2割であった。

不安定な雇用と低い所得

非就学者では、「正規社（職）員」の割合は半数に満たず、「パート・アルバイト」「派遣・契約・嘱託社（職）員」等の非正規雇用が多くを占めた。「アルバイト・パート以外の仕事についたことがない」割合が高く、正規雇用の場合も、転職していない者は約2割にとどまる。世帯の年間収入は「100万～200万円未満」（31％）が最も多く、ひとり暮らし以外の場合も世帯収入は低い事例が多かった。約1割が生活保護を受給していた。

継続する困難

幼少期から現在までの困難の経験については、「父母の離婚や別居」（64・4％）、「親の経済困窮」（47・5％）、「家族関係の不和や断絶」（44・1％）、「親などからの虐待や暴力」（43・2％）、「親の疾病や障がい」（28・8％）など、出身家庭や親の問題を抱えた者が多くいる（図表5－6）。また、学校や学習面において、「い

		%
出身家庭	親の経済困窮	47.5
	親との死別	18.6
	父母の離婚や別居	64.4
	親の疾病や障がい	28.8
	家族関係の不和や断絶	44.1
	親などからの虐待や暴力	43.2
学校・学習	いじめ	40.7
	不登校やひきこもり	34.7
	非行への関わり	22.9
	学習の困難	25.4
	受験での失敗や挫折	7.6
	留年や休学・退学	11.0
就職・就労	就職活動での失敗や挫折	12.7
	劣悪な条件のもとでの労働	16.1
	長期の失業や休職	3.4
	解雇など意思によらない退職	5.9
健康	生活の支障となる疾患や障がい	5.9
	うつ病などの精神的な問題	20.3
	大きな事故や災害への遭遇	4.2
恋愛・パートナー	予期せぬ妊娠	5.1
	配偶者や恋人からの暴力	2.5
	配偶者との離婚や別居	4.2
	N	118

図表5-6　困難の経験（複数回答）

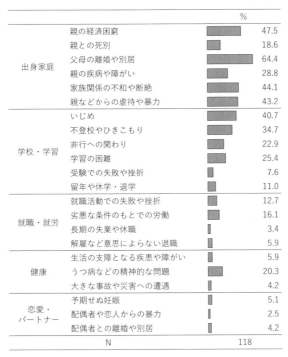

じめ」(40・7%)や「不登校やひきこもり」(34・7%)、「学習の困難」(25・4%)、「非行への関わり」(22・9%)などの困難を経験していた。また、就職や就労においても、「劣悪な条件のもとでの労働」(16・1%)、「就職活動の挫折や困難」(12・7%)などを経験し、「うつ病などの精神的な問題」(20・3%)など健康上の問題を抱えるなど、多くの困難を経験している。

流動的な住まい

施設退所後はじめての住まいは「民間賃貸住宅」(44・9%)が最も多い(図表5－7)。就業している者では「社宅や寮・寄宿舎」(12・8%)への入居が多く、「親の家」(15・3%)に戻る者も一定程度存在していた。賃貸住宅の連帯保証人は3割以上が「退所した施設の施設長や職員」がなっており、「親」(18・1%)の他、年上のきょうだいなど「親以外の親族」(14・9%)を頼りにするケースも少なくなかった。住まいを選んだ理由は、「通勤や通学の利便性がよかった」(36・4%)が最も多かったが、次いで「住居費が安い・負担がない」(33・1%)が多い。約2割が「それ以外に選択肢がなかった」と消極的な理由をあげており、「親の家」に戻った者の多くがその理由をあげていた。

すでに約6割が退所後はじめての住まいから転居しており、転居までの居住期間は「1年未満」が3分の1を占める(図表5－8)。転居の回数も、3回以上が3分の1と多くを占めていた。親や親族の家、給与住宅に住んだ場合に、居住期間が短い事例が多かった。

転居後の住まい(複数回答)は「民間賃貸住宅」(53・6%)が最も多かったが、「友人や恋人の家」(15・9%)への居候も少なくなかった(図表5－9)。また、「同棲」(20・3%)のスタートが転居のきっかけとなっているケースが多くみられた。転職や離職、同棲など、さまざまな生活上の出来事に対応するために、短期間で転居している事例が多く、退所後ある程度の時間が経ってから、住宅確保の問題を抱える事例も多い。退所直後だけで

		%	N
住宅の種類	親の家	15.3	118
	親以外の親族の家	2.5	
	友人や恋人の家	1.7	
	民間賃貸住宅	44.9	
	市町村・都道府県営の賃貸住宅	2.5	
	公社や UR の賃貸住宅	2.5	
	社宅（借り上げを含む）・寮・寄宿舎	12.8	
	学校等の寮・寄宿舎	5.1	
	自立援助ホーム	4.2	
	シェアハウス・その他	7.7	
	不明	0.8	
住宅の保証人（複数回答）	親	18.1	94
	親以外の親族	14.9	
	退所した施設の施設長や職員	36.2	
	勤務先	7.4	
	民間の支援機関	1.1	
	民間の家賃保証会社を利用	8.5	
	行政等の保証関連制度を利用	2.1	
	わからない	10.6	
	その他	3.2	
	保証人が不要	6.4	
選んだ理由（複数回答）	施設の施設長や職員が紹介してくれた	17.8	118
	施設以外の支援機関が紹介してくれた	3.4	
	勤務先や学校などが紹介してくれた	6.8	
	通勤や通学の利便性がよかった	36.4	
	間取りやデザインなどが気に入った	11.0	
	家賃などの住居費が安い・負担がない	33.1	
	出身施設に近かった	10.2	
	親・きょうだい・親族の家に近かった	4.2	
	それしか選択肢がなかった	22.9	
	その他	11.9	

図表 5-7　施設等退所後はじめての住まい

注：住宅の種類の「親の家」「親以外の親族の家」「友人や恋人の家」には持ち家・賃貸住宅を含む。住宅の保証人は、「親の家」「親以外の親族の家」「友人や恋人の家」「不明」を除く集計。

		%	N
転居の有無	転居なし	41.5	118
	転居あり	58.5	
転居回数	1回	39.1	69
	2回	27.5	
	3回	15.9	
	4回以上	17.3	
転居までの居住期間	半年未満	15.9	69
	半年～1年未満	17.4	
	1～2年未満	29.0	
	2～3年未満	18.8	
	3年以上	18.8	

図表 5-8　施設等退所後はじめての住まいからの転居

		%	N
住宅の種類（複数回答）	親の家	14.5	69
	親以外の親族の家	7.2	
	友人や恋人の家	15.9	
	持ち家（本人または配偶者の名義を含む）	4.3	
	民間賃貸住宅	53.6	
	市町村・都道府県営の賃貸住宅	7.2	
	公社や UR の賃貸住宅	1.4	
	社宅・公務員住宅（借り上げを含む）	7.2	
	シェアハウス	4.3	
	会社等の寮・寄宿舎	10.1	
	学校等の寮・寄宿舎	0.0	
	自立援助ホーム	2.9	
	グループホーム	4.3	
	その他	2.9	
転居の理由（複数回答）	就職や進学	18.8	69
	転勤	8.7	
	転職	17.4	
	失業・解雇	2.9	
	結婚	11.6	
	離婚	1.4	
	同棲	20.3	
	同棲の解消	5.8	
	出産	7.2	
	子育て	7.2	
	賃貸契約期間の終了	11.6	
	同居者とのトラブル	8.7	
	近隣とのトラブル	2.9	
	親やパートナー等の暴力の回避	4.3	
	住環境の改善	15.9	
	住居費の負担軽減	10.1	
	その他	7.2	

図表 5-9　転居後の住まいと転居理由

	%
安い家賃の公的賃貸住宅への入居	50.8
不動産契約の際の公的機関による連帯保証や身元保証	48.3
民間賃貸住宅などで利用できる公的な家賃補助	41.5
食事や家事などの生活全般の支援	31.4
出身施設とのつながりや交流の機会	25.4
住宅に関する情報の提供・入居の斡旋	22.0
住宅の問題に関する相談窓口	21.2
定期的な見守り	21.2
自立のステップとなるサポートがある住宅の提供	18.6
シェアハウスなど他者とつながりがある住宅の提供	14.4
地域での居場所やサロン	11.0
その他	1.7
特にない	11.0
N	118

図表 5-10　求める住宅・居住支援（複数回答）

なく、その後の継続的・長期的な支援や、地域を選ばない支援が必要であることが示唆される。

ニーズが高い住宅・居住支援

社会的養護を経験した若者が求める居住支援は、「安い家賃の公的賃貸住宅への入居」(50・8%)、「公的機関による連帯保証や身元保証」(48・3%)、「民間賃貸住宅などで利用できる公的家賃補助」(41・5%)をあげる者が多い。また、「自立のステップとなるサポートがある住宅の提供」(18・6%)や「シェアハウスなど他者とつながりがある住宅の提供」(14・4%)などの共同的な住まいのニーズも一定程度あった(図表5−10)。

ヒアリング調査では、これまで施設等で共同的な生活を強いられてきたからこそ、プライバシーと自由のある生活がしたいと強く望む事例が多くあった。一方で、施設等退所後のひとり暮らしが困難で、家事等の生活の支援を必要とする事例や、孤独感からひとりでの生活に不安を抱えている事例があり、共同的な住まいも必要とされていた。若者のニーズに応じた多様な住まいの選択肢が必要とされている。

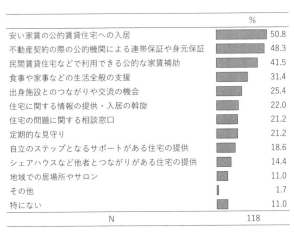

4　若者への住宅・居住支援のあり方

最後に、日本の若者を取り巻く状況から、必要な住宅・居住支援のあり方について述べたい。

住宅へのアクセスの改善

住宅セーフティネットの核となるのが公営住宅であるが、非高齢の単身者の入居を条例によって制限している自治体が多く、若年単身者は低所得であっても入居が難しい。しかし、親に頼れない若者や、市場で住宅を確保できない若者が多くいることから、公営住宅の入居制限を見直し、一般入居ができるよう、適切な供給量を確保することが必要である。また、保証人を求める公営住宅の保証人規定もすみやかに廃止される必要がある。

また、民間賃貸住宅市場へのアクセスが大きな課題となっている。これまで民間賃貸住宅の入居には、親などの親族による保証人を立てることが前提となってきたが、親に頼れない若者が多く存在する。保証人を必要とせず、民間の家賃債務保証会社への加入を求める賃貸借契約が増えているが、審査に通らない事例も多くある。また、家賃債務保証会社による家賃滞納を理由とした強引な追い出しの事例もいまだ少なくない。そのため、入居を拒まない仕組みのさらなる充実や、公的保証人制度・公的家賃債務保証の普及が急がれる。

一方で、住宅市場への過度な規制は、家主等が市場への住宅供給を控えたり、家賃が高騰したりする要因になる。そのため、居住者のみでなく、家主等のリスクを公的に負担し、住宅セーフティネット事業へのインセンティブを高める工夫が求められる。

住宅アフォーダビリティの改善

住居費負担を軽減し、居住の安定を図ることが第一に求められている。住宅セーフティネットとしての金銭的支援は、生活保護における住宅扶助があるが、稼働年齢層にある若者の受給は容易でない。また、離職者等を対象とする「住居確保給付金」の給付期間は原則3か月・最大9か月と短期間であり、恒常的に生活や住まいに困窮しているワーキング・プアの若者は利用できない。新たな住宅セーフティネットにおける民間賃貸住宅を対象とした「家賃低廉化補助」や「家賃債務保証料補助」も導入されたが、その実績はいまだ乏しい。財政的な課題があるが、若者などの稼働年齢層を排除しない、恒常的な家賃補助等の導入が検討されるべきである。

住まいとケアの統合

単に住まいに困窮しているだけでなく、雇用や家族、健康、介護など、さまざまな困難を複合的に抱える若者が増えている。これら複合的な生活の困難を改善するため、分野横断的に対応することが不可欠であり、住宅セーフティネットにおいてはケアやサポートを附帯した住まいの供給が必須になっている。近年、民間非営利団体や居住支援法人等をはじめとする多様な実践が展開されつつある[15][16]。例えば、社会的養護等を経験した若者を支援する団体では、低家賃の学生マンションやステップハウス、シェアハウスを運営しており、スタッフが生活相談に対応するなどして自立をサポートしている（写真5－1・2）。また、ひきこもりやニートなど、生きづらさを抱える若者を支援するＮＰＯ法人では、中山間地でシェアハウスを運営しており、生活や学習、就労などをサポートしながら社会的自立を目指す取り組みをしている（写真5－3・4）。このような民間団体が行う住

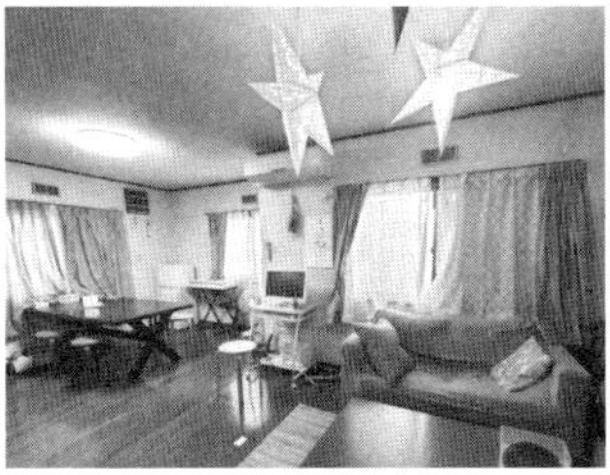

写真 5-1　社会的養護等を経験した若者（女性）を対象としたシェアハウス「あるふぁ」（千葉県柏市）。スタッフが定期的に訪問･宿泊し、不定期にごはん会などを実施している。
出所：筆者撮影（一般社団法人 Masterpiece）

写真 5-2　社会的養護等を経験した若者がひとり暮らしの練習をするためのワンルーム物件「ステップハウスさやま」（埼玉県狭山市）。スタッフが定期的に生活状況を見守っている。
出所：一般社団法人 Masterpiece

写真 5-3　ひきこもりやニートなどの若者の社会的自立を支援する「人おこし」シェアハウス（岡山県美作市）。地域の社会福祉協議会や地元企業等と連携した取り組みを行っている。
出所：筆者撮影（NPO 法人山村エンタープライズ）

写真 5-4　同住宅内にある共用のキッチン。夕食は当番制で居住者が担当する。居室や共用スペースは、スタッフと居住者が DIY でリフォームしている。
出所：NPO 法人山村エンタープライズ

写真 5-5　大阪府営住宅の空き住戸を活用した若者向けの住宅･就職支援プロジェクト（大阪府四條畷市）。自治体や地元企業等と連携した取り組みを行っている。
出所：筆者撮影（NPO 法人 HELLOlife）

写真 5-6　同住宅内にあるコミュニティ・ルーム。共用のキッチンやランドリー、情報掲示板などが設置されている。事業による入居者のみならず、他の住民が訪問することもある。
出所：筆者撮影（NPO 法人 HELLOlife）

宅・居住支援は、小規模または個人的事業である場合が多く、持続的な活動を支える仕組みが必要である。

つながりを構築する住まい

住まいに困窮している若者の多くは、社会的関係を失い、孤立する傾向にある。また、公営住宅や福祉施設など、セーフティネットとして供給される居住の場自体が、特定の困窮層が集住する空間となり、地域や社会から孤立する要因にもなっている。家族に頼ることができない若者にとって、社会や地域とのつながりは、自立した生活を送るうえでの重要な資源となる。地域における居場所づくりや地域との関わりを促すコミュニティ・サポートが重要になっている。

若者の就労と住まいをサポートする民間団体では、地域の居住者と新しく住宅団地に入居する若者との交流が円滑に進むよう、就労支援と住宅支援に合わせて、コミュニティ支援も行っている（写真5－5・6）。地域行事への参加の促進や地域の居住者が利用できるコミュニティ・ルームの整備などに取り組んでいる[17]。

若者のための住宅政策は、生活基盤の安定や健康の維持、幸福度の改善に寄与するだけでなく、少子化・人口対策や、住宅の需要拡大による経済対策としての効果も持つ。住宅・居住支援の実施には大きな財源を必要とするが、未来の社会を維持するための必要な投資でもある。長期的な視野に立ち、次世代を見据えた住宅政策や住宅セーフティネットの構築が求められている。

謝辞

本稿で紹介した調査研究の一部は、科研費15K18182・18K04512（研究代表者：川田菜穂子）、および20K02185（研究代表者：梅田直美）の助成を受けて実施しました。調査に協力頂いた若者支援団体等の関係者や当事者の皆様に御礼申し上げます。

注

1 平山洋介（2009）『住宅政策のどこが問題か』光文社新書
2 多和田栄治（2017）『検証公団居住60年――「居住は権利」公共住宅を守るたたかい』東信堂
3 岩田正美（2004）「誰がホームレスになっているのか？――ポスト工業社会への移行と職業経験等からみたホームレスの3類型」『日本労働研究雑誌』46巻7号、pp.49-58
4 岩田正美（2009）「なぜ派遣労働者は『寮』にいるのか――雇用にしばられる日本の『住』」『世界』第788号、岩波書店、pp.168-177
5 国土交通省（2017）『シェアハウスに関する市場動向調査』国土交通省
6 平山洋介（2022）「続・これが本当に住まいのセーフティネットなのか」『住宅会議』pp.115, 48-52
7 Mulder, C. H. (2006) Population and housing: a two-sided relationship. *Demographic Research*, 15, pp.401-412
8 Mulder, C. H., & Billari, F. C. (2010) Homeownership regimes and low fertility, *Housing Studies*, 25(4), pp.527-541
9 川田菜穂子（2008）「若者の自立・家族形成の国際比較」『若者たちに「住まい」を！格差社会の住宅問題』岩波ブックレット、pp.51-64
10 ビッグイシュー基金編（2014）『若者の住宅問題――住宅政策提案書［調査編］』ビッグイシュー基金（2023年3月10日取得 https://bigissue.or.jp/wp-content/uploads/2018/09/waka_chosa.pdf）

11　平山洋介・川田菜穂子（2015）「若年・未婚・低所得層の居住実態について」『日本建築学会計画系論文集』80巻716号、pp.2303-2313
12　例えば、東京都世田谷区では「せたがや若者フェアスタート事業」において、住宅に困窮する退所者等を対象に、月1万円の利用料で区営住宅を提供している（定員2～3名）。
13　詳しくは、三浦菜央子・川田菜穂子（2017）「社会的養護経験者の居住実態と支援課題」『日本建築学会学術講演梗概集2017（建築社会システム）』pp.61-62
14　本調査は、社会的養護経験者の自立を支援するNPO団体の研修会やイベント、メーリングリスト等で調査協力者を募った。調査回答者は、退所後も施設、およびその職員とつながりがある者が多く、バイアスがかかっている。また、協力団体が首都圏を中心に活動していることから、地域に偏りがある。
15　石川久仁子（2015）「若者の自立の基盤としての住まい——生きづらさを抱えた若者の居住支援実践の現場から」『居住福祉研究』20, pp.76-82
16　岡部茜（2022）「若者支援としての居住支援——若者支援における住宅供給型居住支援の実際」『社会福祉学』63巻2号、pp.70-84
17　川田菜穂子（2022）「公営住宅の空き住戸を活用した住まいに困窮する者への自立支援」『住宅会議』115, pp.57-60

第Ⅱ部

移行と自立の保障

第6章

性とジェンダー

鈴木晶子

1 若者支援施策黎明期のジェンダー意識

――今ひきこもっている自分が、奥さんと子どもを養える正社員の仕事に就けるはずがないですよね。今さらもう〝普通〟の道には戻れないのに、何のために働くんでしょうか？

――ハローワークに行きましたが、キャリアコンサルタントという人に「就活より婚活したら？」と言われました。自分は働きたいと思っているのに。

全国的な若者施策が始まった2000年代中盤を振り返ると、相談の中で語られた、こうした若者の声を思い出す。性別役割分業に基づくジェンダーバイアスは、相談に訪れる若者にも、支援を行う支援者側にも、無意識に、そして強固に根を張っていた。

私は2002年に高校中退後ひきこもっていた若者を家庭教師という形で訪問するようになり、若者支援の活動に携わるようになった。当時は、ひきこもり支援はNPO等民間団体や医療機関、一部自治体で行われているだけであった。大学院生だった2004年からは、縁あって神奈川県内で先進的な取り組みを行っていた自治体で20代のひきこもり経験者の居場所活動の補助スタッフとして現場に入り、居場所の意義について実践的フィールドワークによる研究を行っていた。その頃、就労および就職活動の状況によって定義される「ニート」

という言葉が出現し、一気に若者支援は〝就労〟問題として、労働施策の中で全国に広がっていった。筆者自身も、この流れの中で、地域若者サポートステーション事業の中で働くこととなった。

――私自身ほとんどひきこもりで、〝主婦〟という立場に逃げてきたんです。でも、息子はそうはいきません。

わが子を支援につなげようと若者支援機関の門を叩いた親たちが、当時語っていたこんな言葉も思い出される。長くひきこもり、ニートには男性が多いというイメージがついて回っていた。それは、女性が「家事手伝い」「主婦」といったケアの役割を担うことで生きづらさが社会から潜在化したこと、さらには支援機関と当事者をつなぐ役割を果たすことの多い親が、女性である娘以上に男性である息子を心配して支援機関につなぐことで顕在化しやすかったこと、そして社会全体が同様のジェンダーバイアスによって、つまり「いつか結婚して家庭に入れば解消される」として、若年女性に目が向かなかったことなどが主要な要因としてあるのではないだろうか。現実には、ひきこもりで言えば、すでに2009年度の調査において、ひきこもり親和群[1]の63・4%を女性が占めることが示されていた。それにもかかわらず、さまざまな要因によって、女性の生きづらさは目を向けられないままとなってきた。実際に、初期の地域若者サポートステーションの女性利用者は3割強にとどまっていた（社会経済生産性本部 2008）。

また、性別役割分業が当然とされる社会のありようは、裏を返せば、男性やその保護者の苦悩にもつながっていた。「男性は正社員として働き、結婚し、妻と子どもを養う」という社会の中で想定されてきた〝普通〟の役割を果たすことができない、そうでない生き方のモデルが社会にないことの深い絶望がそこにはあった。

今にして思えば、性別役割分業が根づく労働の世界で施策化された若者支援が、ジェンダーバイアスに満ちたものであるのは、ある種の必然だったと言えるだろう。徐々に、就労支援において、仕事に人を合わせるのではなく、人に合わせた仕事おこしやユニバーサル就労、協同労働など、多様な働き場・働き方が提起されるようになったが、当時は仕事に合わせて人の能力を開発し、職業のマッチングを行う、人を仕事に合わせる形の就労支援が想定されていた。その中で、こうした無意識のジェンダーバイアスによって、男性も女性も苦しんでいた。支援者が、自己に内在化された性別役割分業に基づいた就労〝支援〟を、無意識のうちに若者に押しつけ、バイアスを強化してきた事例も、数多くあったと思われる。

しかし、どこの就労支援の現場にも施策の想定以上に、多様な若者がやってきていたはずだ。女性が働き続けることがそもそも難しい社会において、女性の就労支援に行き詰まりを感じていた支援者も、少なくなかったのではないだろうか。筆者は、マザーズハローワークに単身女性についても就労支援で力になってもらったことも多かったが、それは女性が働くためのノウハウを多く蓄積してきている相談員が支援にあたってくれたからだろう。

また、労働市場とのマッチングに最も困難を抱えていた若者たちを多く働き場に受け入れてくれたのが、神奈川においては労働者の協同組合だったのもまた、必然であったと言えよう。神奈川のワーカーズの事業所には、子育てや介護などケアを担う女性たちによる多様な働き方を実現している場が多くあった。労働市場から排除されがちな女性たちが、雇用ではない「もう一つの働き方」で社会をつくり・かえることをめざして活動してきた中に、それまで〝普通〟とされる働き方から離れた（離れざるを得なかった）若者たちも参画していった。

2 若年女性支援の始まりと発展

前述のように全体として地域若者サポートステーションの女性利用者は少なかったが、筆者は女性相談員であったことから、女性利用者を担当することが多かった。心理職として勤務していたため、個室で相談を行っていたが、その中で、男性が苦手なので男性が多い場所には行きにくいと語る女性は多かったし、中には性被害に遭った経験を語る女性もいた。こうした声は決して珍しいものではなく、筆者の勤務していた機関に限らず、女性だけが集まる、あるいは女性が好みやすいプログラムを組むことなどは、若者支援団体・機関の現場レベルの工夫として行われていた。

そして、少しずつではあるが社会的にも若年女性に小さな光が当たるようになってきた。例えば、「家事手伝い」という名目で女性の生きづらさや働きづらさが潜在化されているのではないか、と女性記者が現場に取材に訪れることが徐々に出てきた。

ほどなく、横浜市男女共同参画推進協会が、若年女性についての調査検討委員会を設置し、２００９年３月に「若年女性無業者の自立支援に向けた生活状況調査報告書」を刊行した。その中で、印象的だった調査項目に、「夫は外で働き、妻は家庭を守る」という男女の性別役割分業についての考え方を問う設問があった。「学校や職場に属していない、若年女性」を対象とし、若者支援機関を窓口として行われたこの調査では、広く一般国民を対象とした内閣府「男女共同参画社会に関する世論調査」に比べ、「賛成」「どちらかといえば賛成」という回答が非常に少なく、「わからない」という回答が３分の１と多かったのである。そして、今後の理想の暮らし方・

生き方という設問で最も多かった回答は、「働いて、ひとり暮らしをしたい」（28・3％）であった。この調査を受けて、横浜市男女共同参画センターには、翌年、単身の若年無業女性を対象とした「ガールズ編　しごと準備講座」、続いて就労体験の場を提供するための「めぐカフェ」が開設された。筆者の担当していた女性利用者の中にもこうしたプログラムが女性向けだからこそ参加できた者が何人もおり、ゆっくりとそれぞれ自分なりの就労につながっていった。その後、単身若年女性向けのプログラムは、横浜だけでなく、徐々に全国の男女共同参画センターに広がっていった。

一方で、社会的には若年女性の無業や非正規職での就労・低賃金の課題は、相変わらず大きな注目を浴びることは少ないまま、「結婚すれば解消する」という世間の期待とは裏腹に、多くの若い女性が未婚のまま年齢を重ねていった。こうした現実を受け、２０１４年度より横浜市男女共同参画推進協会は、35歳以上となった未婚の女性たちを対象に、一連の「非正規職シングル女性」の課題や社会的支援ニーズに関する調査に着手し始めたのであった。

3　10代女性支援の登場と性被害問題

少しずつ若年女性支援が広がっていく一方、それでもなお支援につながりにくい、光の当たりにくい状況にあったのが10代の女性たちだった。

もともと、10代の若者が男女問わず若者支援につながりにくいことは課題とされてきた。例えば代表的な公的若者支援機関である地域若者サポートステーションの利用者のうち15〜19歳は8・8%であった（社会経済生産性本部 2008）。そのため、この年代にアウトリーチするために高等学校への出張相談や高校内居場所カフェが少しずつ広がりを見せてきた。また、近年現場の実感として、小中学校で不登校を経験した10代の若者が中学校のスクールソーシャルワーカーや、児童相談所等からの紹介で若者支援機関につながってきたり、通信制高校に籍を置きながら居場所や卒後の進路を考える場として保護者が10代の子どもたちを若者支援機関に連れてくる等、10代のうちに周りの大人が動くケースが増えてきた。

一方で、家庭にも学校にも居場所を持たない10代の若者、とりわけ女性たちが、SNS等を通じて見知らぬ人とつながったり、繁華街に出て危険に巻き込まれるケースも知られるようになってきた。こうした事実が知られるようになった要因としては、10代の女性たちの支援を行う団体が複数立ち上がり、支援活動が知られるようになったことがあげられるだろう。それまでの、若者支援団体の代表・スポークスマンの多くが男性だったのに対して、10代の女性たちの支援を行うこうした団体が、女性が活動を開始し、発展し、発信を続けてきたのは、非常に印象的であり、考えさせられるものであった。これまで、「現場の声」として若者支援に携わる者が発信してきた、政策提言としてあげてきた声というのは、いったい誰の声だったのだろうか。「若者」とはいったい誰だったのだろうか。若者支援が置き去りにしてきた若い女性たちの声が、まさに「現場」の女性たちからあがったことの意味は大きなことであった。

もう一つ、こうした10代女性支援の活動が知られる中でスポットが当たった重要な問題が、性被害や性的搾取の問題である。内閣府の「男女間における暴力に関する調査」では、女性の10・7%が特定の相手からの執拗《しつよう》なつきまといを、6・9%が無理やりに性交された経験等を持つと回答しており、女性にとっては決して珍しい出来事ではないことがわかる。その一方で、その被害の影響は極めて大きいものであり、これまで性被害の影響が支援の課題としてあげられてこなかったことの要因も、若者支援の中で問われなければならない問題ではないだろうか。そして、その反省に立つとともに、今後、若者支援に携わる者には、性被害・性的搾取によるトラウマについての知識を身につけ配慮した対応（トラウマインフォームドケア）が求められるだろう。実際、支援者側が「性被害は日常的に起こりうるもの」というスタンスでいれば、性被害について話を聞くことは珍しいことではない。繁華街の路上で活動しなくとも、一般的な若者支援機関や校内居場所カフェで出会う女性たちからも日常的に聞こえてくる話である。２０２４年度より新たに施行される「困難な問題を抱える女性への支援に関する法律」の各種事業と連携しながら、若者支援においても対応できる人材・体制を整備する必要がある。

また、トラウマインフォームドな対応は、性被害に限らず、社会的養護や生活困窮世帯に育った若者の支援にも共通して必要とされており、これまで若者支援という領域が十分に支えられなかった困難層にもリーチしていくために必要なことである。トラウマ体験、逆境体験を経験してきた若者は多くおり、性やジェンダーにかかわらず、より広い対象に役に立つ若者支援であるために、これまでに若者支援は一体どんな状態の誰を対象にしてきたのか、何を、誰を取りこぼしてきたのか、改めて点検する時期に来ていると言えるだろう。

4　性とジェンダーに関わる若者支援の多様な課題

性のことでは、性被害や性的搾取の他に性風俗で働く女性たちの生活や法律、就労の支援活動を行う団体も登場した。筆者も、性風俗で働く女性たちの相談活動に相談員として参加していたが、ステレオタイプな「性風俗で働く女性」の外見的なイメージの女性はほとんどおらず、若者支援機関に訪れる女性たちと何ら外見では変わりないごく一般的な女性たちが相談に訪れていた。その中には、他での就労が困難な軽度知的障害や精神障害のある若い女性たち、子どもがひきこもっている、成人しても就労が困難な子どもがいる等の事情を抱えるシングルマザーなど、若者支援機関で出会う若者や親たちと何ら変わらない相談が多く、考えさせられることが多かった。

一つには、若者支援機関がこうした女性たちのニーズに十分応えられてこなかった、取りこぼしてきたという現実であるが、もう一つには、これまで若者支援の中で出会った中に、相談の場面で言わないけれど、性風俗で働いて暮らしをつないでいる女性たちがいたのではないか、ということである。例えば、風俗で働く女性たちの相談を受けている団体「風テラス」では、新型コロナウイルス感染拡大以降毎年年間2000件以上の相談を受けつけている。地域若者サポートステーションが全国177か所、合計の新規登録者数が年間約1万7000人であることを考えれば、1団体でいかに大きな数字かわかるだろう。性風俗で働く女性たちが、若者支援機関を利用していたとしても、なんら不思議はないのである。

また、この間、若者支援の活動でつながりを作る必要があったのは、性的マイノリティの団体である。相談の中で、性別違和を訴える人や性的指向において社会的な難しさを語る利用者とも出会ってきた。そのため、職員が理解をするための性的マイノリティに関する研修や当事者団体との連携が必要となってきた。

実際、ひきこもりUX会議の「ひきこもり・生きづらさについての実態調査2019」では、回答者の4・8%が性別について「その他」を選択しており、自由記述には「LGBTを想定した支援がない。LGBTの抱える困難を軽視して自己責任化する」「セクシュアリティの問題に知識のあまりない人もいるのかと不安になりセクシュアリティが絡んだ相談がしづらい」等、性的マイノリティ当事者からの意見が寄せられている。性的マイノリティは人口の8・9%いるとされ（株式会社電通 2021）、若者政策・支援でも、その存在を想定したあり方が求められている。

また、支援を続けてきた中で、女性のみならず、男性でケアを担う若者に出会ってきたことにも触れておきたい。精神障害の母親と二人暮らしでヤングケアラーとして育った男性が必要な経験を積めないまま成人したり、ケアがあることを前提とした就労を考えざるを得なかった事例や、40代目前となり両親の介護が必要となってそれまで続けてきた仕事から離職せざるを得なかった男性の事例にも出会ってきた。その中で、親のケアを担う福祉従事者から若者がケアラーとしてあてにされ、就労支援を行う若者支援者と利害が対立するような場面もあった。

もともと、ケアは女性が担うものとされ、長年家庭内で抱えられてきた。一方で、ケアを担う女性が不在の家庭では、男性がそれを担わざるを得ず、男性であってもケアと就労との両立は難しい状況にあった。介護離職についても一時期報道が相次いだが、それは男性の介護離職が知られるようになったからではないだろうか。女性たちが同じ事態に直面してきたことは、これまで当然とされてきたし、現在も十分注目されているとは言いがたい。近年ヤングケアラーも社会的な注目を集めているが、根底には同様に性別役割分業に基づく社会化されないケア労働の問題が横たわっている。ヤングケアラー対策として、さまざまな支援策が生まれることは望ましいことであるが、今一度それを生み出している社会構造にも目を向けるべきであろう。

5　性とジェンダーから考える若者支援の今とこれから

現在、ひきこもりUX会議等が進める「ひきこもり女子会」が注目を集め、全国で開催されるようになっている。注目する自治体も多く、少しずつ施策に影響を与えつつある。こうした取り組みが、広がり、これからを作っていくことに期待している。

同団体によって行われた「ひきこもり・生きづらさについての実態調査2019」は、本章で紹介してきたさまざまな若者の声を相当に網羅する調査だった。例えば、コミュニケーションについて問う設問の中に、「男性に苦手意識がある」「女性に苦手意識がある」という項目があり、女性のうち42・0%が「そう思う」、31・5%が「ややそう思う」と合計73・5%が男性に対して苦手意識があると回答している（なお、男性のうち「女性に苦手意識がある」と回答したのは、「そう思う」で31・9%、「ややそう思う」で32・4%と、合計64・3%とやはり高くなっている）。また、ひきこもりの原因やきっかけを問う設問の選択肢に「性自認や性的指向」が設定されており、性別について「その他」と回答した者（80件）の41・3%が原因・きっかけとして「該当する」と回答している。こうした調査項目は、これまで設定されてこなかったものであろう。ひきこもりUX会議は不登校、ひきこもり、発達障害、セクシュアル・マイノリティの当事者・経験者たちのクリエイティブチームであり、当事者・経験者たちによって、こうした調査がなされたことは、その結果とともに調査実施者についても注目されるべき重要なことだと感じている。

若者支援に20年以上関わってきて、ややもすると若者政策・支援事業が専門縦割化してきているのではないかと感じることがたびたびあった。「若者」と言いながら、「就労」という観点からは後回しにされがちな女性や、就労に対する困難度の高い障害・障害グレーゾーンの若者や困窮世帯に育った若者たち、専門支援にのりにくい10代の若者たち、あるいはＬＧＢＴＱ＋や外国人などのマイノリティの若者は、事業対象として視野に入りにくく、一部の「若者」しかカバーしないセクショナリズムによる「若者支援」が進められてきたのではないか。

こうした専門縦割化する若者支援の中に、当事者・経験者たちから新たな視点が提起されたことの意味は重要である。これまで、当事者・経験者の声を聞く際に一般的にとられていた方法は、若者支援団体・機関に依頼し当事者・経験者を紹介してもらう方法だった。しかし、女性の利用者が少ない団体・機関から女性の声が届く分量は小さくなり、支援現場で性的マイノリティであることや性被害を受けたことなどを話せていなければ、その声が届くことはない。

こども政策では、こどもの意見表明が重要な柱となっている。若者政策においても、当事者・経験者の若者の意見表明は大切な柱となるべきであろう。その際に、女性やさまざまなマイノリティの若者の意見がおいていかれないよう、丁寧な取り組みが必要である。また、最近声をあげた若い女性や性的マイノリティ当事者・団体へのバックラッシュが起きている。当事者の安全が脅かされることがないよう、安心して声を届けられる配慮・社会的取り組みも重要である。

若者政策・支援は、この20年強で先駆者の時代から、全国へ支援が広がるユニバーサル化の時代を経て、当事者・経験者が中心となる時代に入っていると感じている。筆者のような専門家と呼ばれる者が、どんな役割を果たし、何を差し控えて当事者・経験者に任せるのか、性の権利とジェンダー平等が保障される社会の実現に取り組むとともに、政策・事業の進め方についても今一度再考する時期に来ている。

注――

1　２００９年度若者の意識に関する調査（ひきこもりに関する実態調査）および２０１５年度若者の生活に関する調査では広義のひきこもりの定義には当てはまらないものの、「自分も、家や自室に閉じこもりたいと思うことがある」等ひきこもりに親和性の高い回答をした人を「ひきこもり親和群」として調査していた。

引用・参考文献――

（財）横浜市男女共同参画推進協会（2009）「若年女性無業者の自立支援に向けた生活状況調査報告書」
（財）横浜市男女共同参画推進協会（2015）「非正規で働くシングル女性（35～44歳）のニーズ・課題に関するヒアリング調査報告書」
（財）横浜市男女共同参画推進協会（2016）「非正規職シングル女性の社会的支援に向けたニーズ調査報告書」
林恭子（2021）『ひきこもりの真実――就労より自立より大切なこと』ちくま新書
社会経済生産性本部（2008）「地域若者サポートステーション事例集２００７年度」
ひきこもりＵＸ会議（2020）「ひきこもり・生きづらさについての実態調査２０１９」
サポステ地域若者サポートステーション〝数字で見るサポステ〟厚生労働省　https://saposute-net.mhlw.go.jp/results.html（2023-5-3閲覧）
活動報告〝風テラスの12月の活動報告をアップいたしました〟特定非営利活動法人風テラス　https://futeras.org/3991/（2023-5-3閲覧）
株式会社電通（2021）「ＬＧＢＴＱ＋調査２０２０」
内閣府（2021）「男女間における暴力に関する調査（令和2年度調査）」

第7章

親に頼れない若者の自立保障

早川悟司

はじめに

本章では、家庭に代わって子どもや若者の生活や自立を支える社会的養護の視点から、表題について考察・提言を行う。こども家庭庁は、「社会的養護とは、保護者のない児童や、保護者に監護させることが適当でない児童を、公的責任で社会的に養育し、保護するとともに、養育に大きな困難を抱える家庭への支援を行うこと」としている。総数約4万2000人の中では施設養護が多く、中でも児童養護施設が全体の半数以上を占めている（図表7－1）▼1。

筆者は1990年代半ばから社会的養護に従事しているが、この仕組みには今も変わらない三つの不条理があると考えている。現在勤務する施設において、これらへの対応の構築と発信に努めているところである。

類型	施設等数	定員（人）	現員（人）	概要・対象
里親	4,759	−	6,019	家庭で4人以下を養育
ファミリーホーム	427	−	1,688	家庭で5~6人を養育
乳児院	145	3,853	2,472	概ね2歳未満の乳幼児
児童養護施設	612	30,782	23,631	概ね2歳以上の要養護児童等
児童自立支援施設	58	3,445	1,145	生活指導を要する児童等
児童心理治療施設	53	2,018	1,321	心理治療を要する児童等
自立援助ホーム	217	1,409	1,145	義務教育終了後の児童等
母子生活支援施設	217	4,533世帯	5,440	配偶者のない母と児童等

図表7-1　社会的養護の類型と現状

1　地域の子どもや家庭を地域で支える

不条理の第一は、家庭の養育機能が十分機能していないことを理由に、子どもたちは「家庭」「学校」「地域」をいっぺんに奪われていることである。人間が発達するうえでは特定の大人とのアタッチメントや、これを基盤とする自我同一性の形成が不可欠である。しかし、現在の社会的養護は「保護」の名のもとにこれらを少なからず阻害している。適切に機能していないと判断された「家庭」には、支援よりも分離が優先されている。

虐待をしている親との分離の必要を強調する関係者は多いものの、親に入所施設等を秘匿しなければならないケースは筆者の所属施設でも2割を超えたことはない。「虐待」とひとくくりにされる中で、入所等児童の受けた虐待で突出しているのはネグレクトだ。家族構成は母子家庭が最多で、背景には女性の貧困がある。日本では母子家庭に対する経済支援は極めて希薄で、母親が昼夜就業に追われた結果、ネグレクトとなっている例も多々見られる。孤立しているひとり親家庭から、経済的困難やネグレクトを理由に子どもを引き離すのではなく、家庭も含めて地域で支える。そうした試みを当施設では「そだちのシェアステーション」▼2で始めている。

2　施設退所後も含め安定した社会生活を支える

		進学				就職		その他	
		大学等		専修学校等					
総数	1,752人	311人	17.8%	268人	15.3%	1,031人	58.8%	142人	8.1%
内在籍	356人	109人	6.2%	67人	3.8%	117人	6.7%	63人	3.6%
内退所	1,396人	202人	11.5%	201人	11.5%	914人	52.2%	79人	4.5%
参考・全高	1,126（千人）	594（千人）	52.4%	243（千人）	21.5%	206（千人）	18.3%	83（千人）	7.4%

図表 7-2　児童養護施設における高校卒業後の進路

不条理の第二は、若年・低学歴で強いられている「社会的自立」である。児童福祉法の対象は18歳未満の子どもだが、入所支援は20歳までの延長ができる。2017年からは国の予算事業[3]により、22歳年度末までの入所支援継続も可能になった。さらに2023年からは、22歳年度末の年限が撤廃された。自立年齢を一律に区切るのではなく、個別のアセスメントによって必要な限り入所支援を継続することが法制度上可能となっている。

しかし、施設等の実情はこれに沿うものになっているとはいえない。図表7－2でも明らかなように、大半の入所者が高校卒業と同時に施設を退所している。大人の都合で地域から離されて、大人が決めた年限で自立が強いられているのである。こうした退所者たちのその後の生活は、一般との比較で明らかに不安定であることが国や東京都の調査でも確認されている[4]。

2004年改正児童福祉法では、児童養護施設等の役割に「退所後の相談援助」（いわゆる「アフターケア」）が明記された。前述の社会的養護自立支援事業では、これに関わる支援の拠点や支援メニューが予算化され、2024施行改正児童福祉法ではこれらが「社会的養護自立支援拠点事業」（第6条の3・第16項）として法定化された。

2012年から東京都では、各施設の自立支援やアフターケアを専門に担う自立支援コーディネーターが配置された。2020年からは、国においても同様の専門職である自立支援担当職員の配置が始まっている。

自立支援やアフターケアに関する国や自治体の法制度拡充が進む一方、これらを積極的に活用する施設と、そうでない施設との間で支援格差が広がっている。入所者が社会に出る前後に受けられる支援の格差は、人生の格差に直結する。子どもは施設に入所するか否か、どの施設に入所するかを現状では選択できていない。行政処分で振り分けられる施設入所等にアタリ・ハズレがあってはならない。

当施設では近年、他の施設での生活が困難になる等、さまざまな課題を有する子どもの入所が相次いでいる。それでも22歳年度末までの入所支援継続を最低限度に、寄付等で支えられる自立支援基金も活用しながら入所者の展望を探っている。高校卒業後は多くの場合、それぞれの意思で高等教育に進んでいる。大人が子どもや入所者をふるいにかけたり、自己責任を追及したりすることなく寄り添うことで、子ども等が自ら前を向くようになる姿を幾度となく見てきた。施設で借り上げているアパートでひとり暮らしの体験を繰り返し、将来の生活イメージも涵養《かんよう》している。

とはいえ、いったん進学したものの先行きに迷い中退するケース、大学を卒業しても社会適応が難しいケース、特別支援学校卒業後の支援等、課題は尽きない。いったん社会に出てひとり暮らしをしたものの、何年かの後に生活に行き詰まる場合もある。退所者の多くが、コロナ禍や物価高騰等のマイナスな社会情勢の影響を真っ先に受けている。自立支援担当職員等を中心に生活状況を継続的に把握し、決してつながりを切らないことが肝要だと考えている。「困ったら相談に来てね」という待ちの姿勢では、アフターケアは機能しない。

不条理の第三は、施設間の支援格差が著しい中で、子どもや入所者の主体的意思が軽んじられていることである。前述したように、社会的養護が公的制度である以上「ハズレ」があってはならない。

当施設の子どもや入所者は皆、希望すれば高等教育への進学が可能なこと、高校卒業後も入所を継続できることを知っている。「知っている」ことを前提に、その活用を職員と共に、あるいは子どもや入所者同士で話し合っている。

一方で、社会的養護のもとで生活する全国の子ども等の大半はこれらを知らされておらず、主体的に選択することができていない。高等教育進学の支援を行うかどうか、入所支援の継続をするか否かを入所者不在の会議等で決定している、あるいは検討すらしない施設や児童相談所が少なくない。

3 子どもの主体的意思を育み、表明を支える

これに対して2024年施行改正児童福祉法では、施設の入所や変更、退所に当たって必ず子どもや入所者の意向を聴取すること、子どもの意見表明を支援する仕組みを構築することを定めた[5]。後者はいわゆる「子どもアドボカシー」であり、意見表明支援員を「アドボケイト」と呼ぶ。

現在、東京都も含めてアドボケイトの選任や育成のあり方について検討が進められている。しかし、どんなにアドボケイトが優秀であっても、すべての子ども等がその権利、使える法制度や資源、施設等における支援の実態を知らなければ、意見の表明など絵に描いた餅である。

18歳成人で可能	これまでと変わらず20歳で可能
○ 契約（携帯電話・ローン・クレジットカード・賃貸住宅等） ○ 10年有効パスポート取得 ○ 国家資格取得（公認会計士、行政書士、司法書士、社会保険労務士等） ○ 親権からの離脱（居所の指定・懲戒・職業の許可・財産の管理等） ○ 性別の取扱いの変更審判 ○ 選挙権（2016年より） ○ 裁判員への選出（学生は辞退可能）	○ 飲酒・喫煙 ○ 公営ギャンブル投票権の購入・払戻（競馬・競輪・競艇・オートレース） ○ 養子縁組の養親 ○ 大型・中型運転免許取得
その他	
○ 18・19歳は「特定少年」として家庭裁判所に全件送致されるが、検察に逆送されると成人と同様に扱われる。この場合、実名等報道も成人同様。 ○ 女子の婚姻可能年齢は16歳から18歳に引き上げ。	

図表 7-3　成人年齢引き下げによる変化

4 「意見表明等支援」から「意思決定支援」へ

２０２２年４月から20歳の成人年齢が18歳に引き下げられた。これに伴い社会的養護も特に自立支援に関して点検や見直しが必要だが、これらは十分とは言えない。図表７—３に示したように、現在は満18歳を境に親権から離脱する。18歳を超える措置の延長や20歳を超える入所支援継続には、成人に対するのと同様の本人による意思決定を支える仕組みが必要である。

「意見表明等支援」は、国連・児童の権利に関する条約第12条の「意見表明権」に基づくものである。その対象は18歳未満の子どもであるがゆえに、「意思決定」ではなく「意見表明」に留められている。前述したように、子どもたちの多くは相応に意思が育まれていない。元の地域で生活すること、再び家族と生活すること、私立高校や大学等の多様な進路を選択すること、自立生活能力が育つまで入所を継続すること。こ

◇ **子どもアドボカシー**

「意見表明権」（国連・児童の権利に関する条約 第12条）

「意見表明等支援事業」（改正児童福祉法 第6条3の17）

⇒意見表明支援員（アドボケイト）による代弁

◇ **意思決定支援（障害福祉サービス等）におけるプロセス**

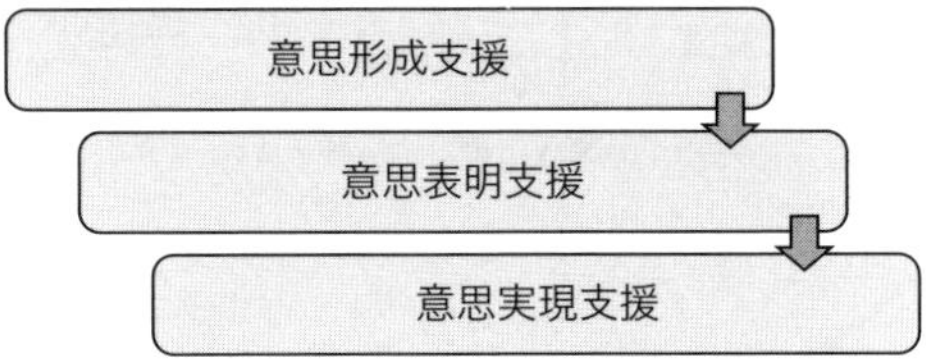

図表 7-4 「意見表明支援」から「意思決定支援」へ

れらに対する発想すら持てなければ、当然ながら意見として表出されることはない。

一方で、医療や高齢者福祉、障害者福祉等の分野では「意思決定支援」のプロセスが構築されてきた。これらは「意思形成支援」「意思表明支援」「意思実現支援」の三層で構成される（図表7－4）。クライアントは自らの置かれている状況と、これに対して用いることができる権利・制度・資源等を知らされることで意思の形成が支援される。そのうえで表明された意思が真にクライアントの利益に結びつくよう、専門職によるニーズが示され、合意されたニーズが紡ぎ出される（図表7－5・図表7－6）▼6。こうしたプロセスを通じて、クライアントが自らを不利益な状況に向ける意思決定をしてしまうことを防いでいる。そして合意されたニーズの実現を支援することも含めて意思決定支援は成り立っている。

日本の社会的養護においては、ようやく意見表明等支援事業が児童福祉法で位置づけられた。しかし、青年期の自立支援を視野に入れれば、これらを意思決定支援へと進展させなければ権利としての社会的養護の実現は期待できない。

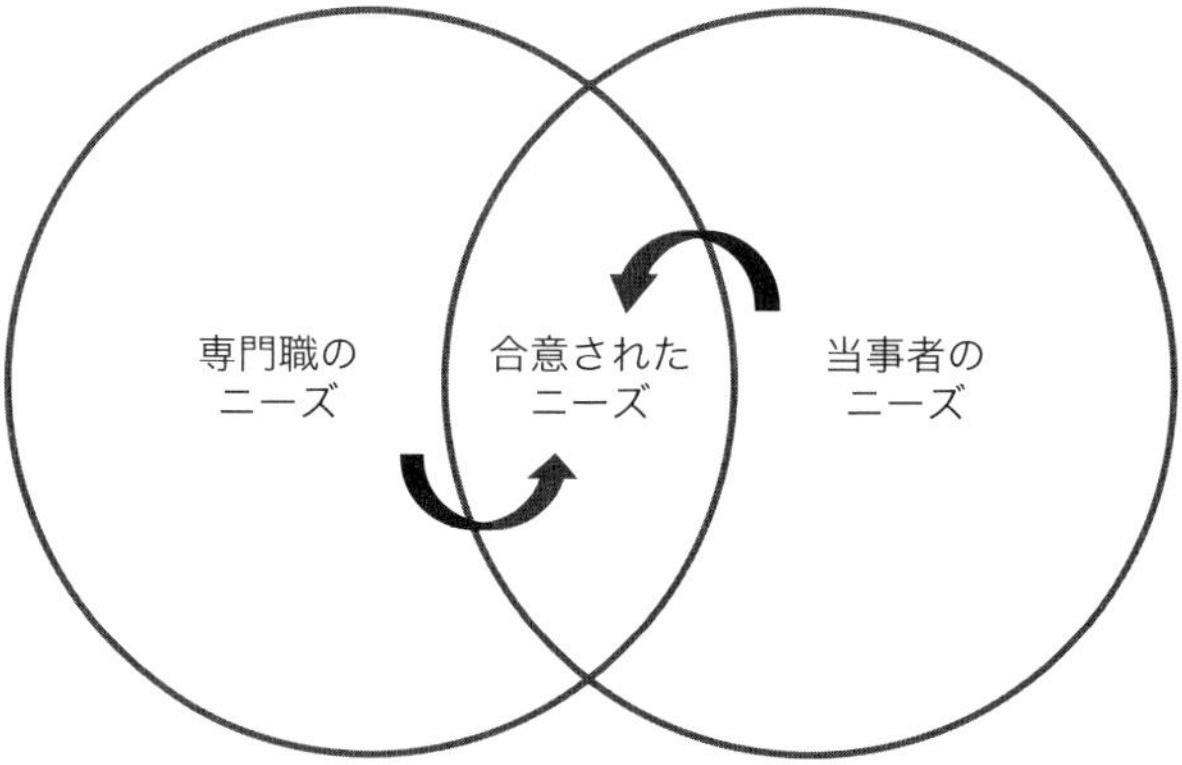

図表 7-5　当事者のニーズと専門職のニーズ

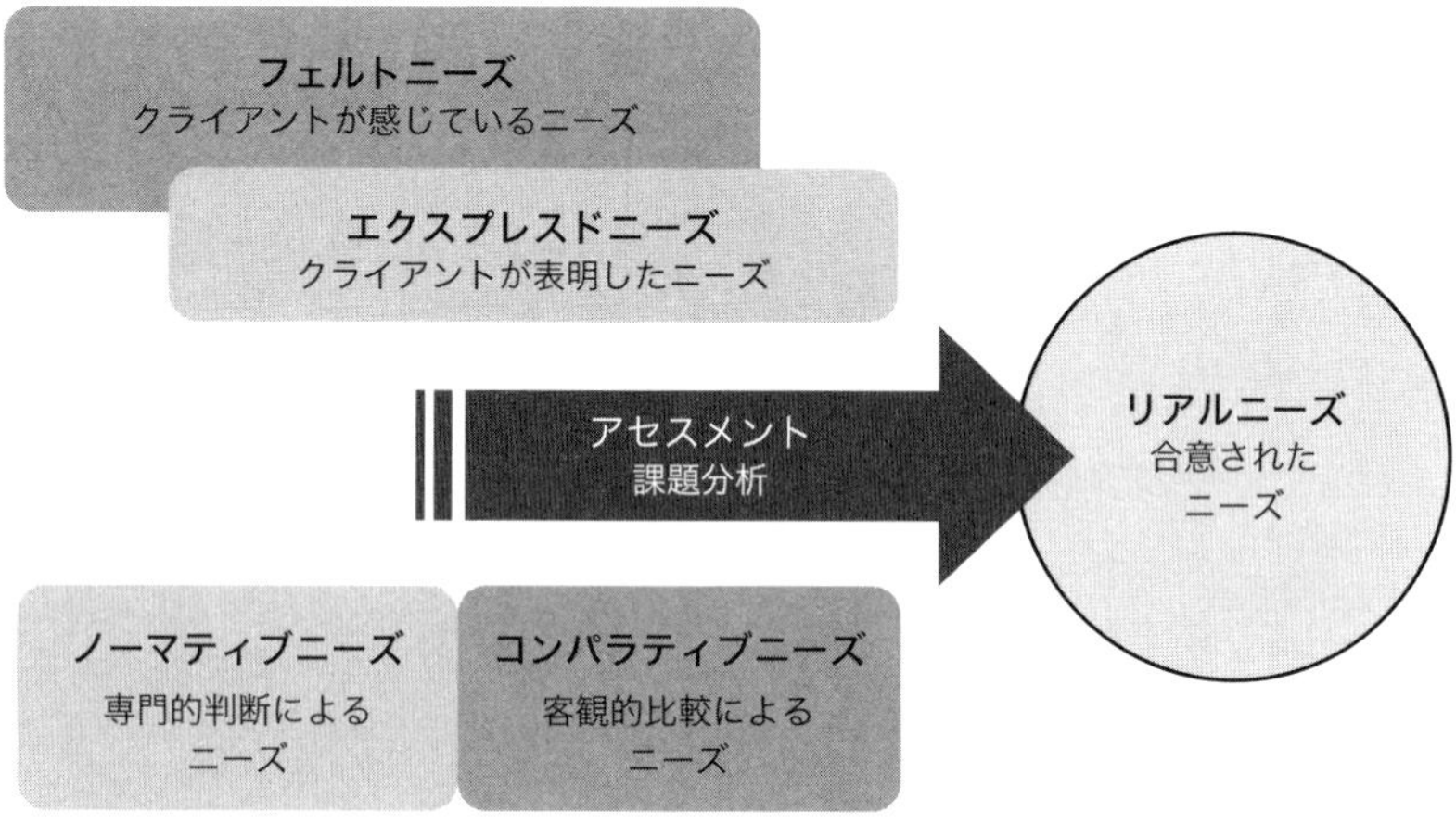

図表 7-6　合意されたニーズの構成要素
出所：Bradshaw, j

5 社会的養護から離脱した、あるいはつながらなかった子ども・若者への支援

これまで社会的養護からの自立支援について述べてきたが、全国には適切な養育環境にないにもかかわらず保護に至らなかった子ども・若者も数知れない。現在の社会的養護は入所支援の終了について年限が撤廃されたが、開始については変わらず18歳未満である。子ども期の虐待やいじめ等のトラウマを抱えたまま適切な支援を得られていない若者等の存在を忘れてはならない。

今回の児童福祉法改正に際しては、様々な関係者が異口同音にこうした課題を国に対して陳述した。そして改正法による社会的養護自立支援拠点事業の対象者は、「措置解除者、またはこれに類するもの」とされた。

現在の社会的養護自立支援事業によるアフターケアの拠点は、その数も予算も極めて不十分であり、担い手の俗人的な努力で成り立っている。これが第二種社会福祉事業に位置づけられることで設置数も予算も拡充されることが期待される。しかし、それが即支援の向上に結びつくかといえば否であろう。

今後はこれらの事業所が組織的につながり、情報・技術・活用資源等を共有しながら全体で高め合っていくことが不可欠である。現在の児童養護施設や自立援助ホーム等は、その有力な担い手として期待される。

おわりに

2000年頃からの到来が予測された第三次ベビーブームは不発に終わり、特に近年の出生数低下は危機的

レベルである。女性の社会進出による非婚化・晩婚化ばかりが原因とされ、政策による対応は完全に後手に回っている。とくに都市部では子育て家庭の孤立が進む中、産んだ親の負担が増している。しかし、日本の社会はこれを支えるのではなく、「虐待通報」というムチで激しく追い打ちをかけている。若者は将来への生活展望を描くのが難しく、産んだ親の責任ばかりが強調される国での子育てを選択するのは容易でない。

これまで社会的養護は、ごく一部の恵まれない子どもや家庭のためにあると捉えられてきた感がある。しかし現在の日本は、国レベルで子育て環境が貧困である。今、社会的養護は大きく地域社会に向けて舵を切り、狭域では地域の子どもや家庭、広域では社会の若者等を支える拠点へと役割の軸を移す時と考える。

注

1 表の数値はいずれも「社会的養育の推進に向けて」(厚生労働省子ども家庭局家庭福祉課、2022年3月)より。

2 児童養護施設隣接地に「そだちのシェアステーション・つぼみ」を2022年2月より開設した。近隣2市1区の子どもショートステイ(短期子育て支援事業)、日本財団「第三の居場所事業」(地域の家庭から放課後等に通所する子どもへの生活支援・学習支援・食事提供等)、不登校支援、子ども食堂との連携、保護者等への養育支援等を行っている。

3 社会的養護自立支援事業。2023年度の要綱改正ででは22歳年度末の年限が撤廃され、2024年施行の改正児童福祉法では「児童自立生活援助事業」(第6条の3・第1項)として法定化された。改正法施行後は各都道府県や児童相談所設置自治体の義務的経費となる。

4 「児童養護施設等への入所措置や里親委託等が解除された者の実態把握に関する全国調査報告書」2020年度子ども・子育て支援推進調査研究事業 三菱UFJリサーチ&コンサルティング、2021年3月、「東京都における児童養護施設等退所者の実態調査報告書」東京都福祉保健局、2022年1月等。

5　第33条の3の3、および第6条の3・第17項。
6　ジョナサン・ブラッドショー（ヨーク大学社会政策学科教授）によるニーズの分類。

引用・参考文献――――

「児童養護施設等への入所措置や里親委託等が解除された者の実態把握に関する全国調査報告書」２０２０年度子ども・子育て支援推進調査研究事業 三菱ＵＦＪリサーチ＆コンサルティング、２０２１年3月
「東京都における児童養護施設等退所者の実態調査 報告書」東京都福祉保健局、２０２２年1月
「3万人アンケートから見る子どもの権利に関する意識」公益社団法人セーブ・ザ・チルドレン・ジャパン、２０１９年11月
「障害福祉サービス等の提供に係る意思決定支援ガイドライン」厚生労働省社会・援護局障害保健福祉部、２０１７年3月
『改訂　ケアマネジメント実践記録様式Ｑ＆Ａ』日本社会福祉士会・中央法規出版、２００９年1月

第8章

結婚・家族形成と結婚支援事業

板本洋子

はじめに

日本の人口減少が進み、「少子化対策」が社会的に示されたのは1990年代後半である。その要因の一つとして未婚化、晩婚化が指摘され、その流れから「結婚問題」がクローズアップされた。つまり、結婚から出産、子育てを期待する動きが始まったのである。

国は約20年前から全国の都道府県行政に「結婚支援事業」の予算を投じ、対応を進めてきた。しかし、この事業で婚姻数や出生数に顕著な効果が出てきたとはいえない。

若者はなぜ結婚しないのか。どのような課題が結婚を阻んでいるのか。若者の結婚意識の変化とは何かが問われてきたが、その理由が把握できたとはいえない。そうした中、デジタル環境は高度化し、結婚支援事業における「出会いのマッチングシステム」はＡＩの活用も含め進化をとげている。

ここでは、「『出会いの機会の提供』が広がってもなぜ結婚に至らないのか」「結婚に何が求められてきたのか」「若者はなぜ結婚を決断しないのか」というような問いに対して、結婚支援事業の現場、いわゆる「結婚相談所」の経験から見えたことを述べてみたい。

1　農村の「嫁不足」の要因は少子化の予兆だった

過疎化が進む農村で「農業後継者の嫁不足」が深刻化していることを知ったのは、1980年に地域青年団の中央組織を支援する立場にある「財団法人日本青年館」が、東京都内の独身者のための「結婚相談所」を開設してすぐだった。

多くの地方自治体や農業関係団体から「嫁不足の悩み」「人口減で地域存亡の危機」、という切実な声とともに都会の女性を「お嫁さん」として農村に招き入れたいという相談が相次いだのである。

この問題は、すでに1960年代には始まっており、当時、集団見合と言われた「出会いのイベント」が各地で実施されていた。地元議員や農業団体、民生委員、保健婦さんなどが「結婚相談員」として自治体から委嘱され「縁結び」に奔走していた。そんな状況の農村で、私は1980年代から地域の出会い事業に関わってきた。ここで農村の結婚難の背景と課題を知り、主に次の三点が今に続く「少子化」の予兆だったのではないかと思われる。

一つ目は、「嫁不足」の背景から感じとれたことだ。高度経済成長の裏で、農業や家の「跡継ぎ」として男性（主に長男）が地域に残り、若い女性は働き先を求め町村外に出た。若い女性たちは不安定な農業経済の労働力としての女性の生き方や、「家父長制」という規範にしばられた夫婦関係や家族関係に疑問を持ち始めていた時代で「専業主婦」から「女性の自立」へとその生き方の変わり目でもあった。

農家の母親たちは娘の結婚先に「都市圏」「安定した会社員」を願った。地域の長老たちは、結婚することは地域の維持のために当然の行為と思う中で、女性の経済的自立は「身勝手で」で従来の家族を補助する「嫁」の放棄だと批判した。そういう長老も自分の娘の進学や都市圏へ出ることを応援したいという矛盾した心情にあった。時代が変化する境目での世代間・ジェンダー間のせめぎあい、加えて雇用創出の課題が、農村の女性人口を減らし農村の人口減を生み出した。

二つ目は、農村を振り切って、新たな居場所、生き方探しを始めた女性の意識だ。自治体主催の「出会いイベント」のほとんどは「跡取り」である地元男性の結婚相手探しで、地元女性が参加することはまれだった。地元に残る男女の多くは「跡取り」の立場であり、姉妹であることで「婿とり」を迫られる跡取りの女性もいた。「跡取りという自分の立場の優先ではなく自分が好きな人と結婚したい」「地元女性を無視して、なぜ『アジアの花嫁』を迎えるのか（花嫁対策として行政主導で法外な料金を業者に支払う国際結婚の実施）」など、男性のための結婚支援に反発もあった。

そうした中での「出会いの事業」は、地元の男性と県外や都市圏の女性の交流が主流だった。農業や自然豊かな地域の魅力を伝え、女性のあこがれを期待する企画が多かった。

厳しい農業経営、親との同居、地域の因習や世間体などを敬遠する地元女性の思いを知る男性にとって、都市圏の女性はなぜ出会い事業に参加するのか、不可解であった。都市圏の女性の参加理由は、新たな生き方探し、新たな居場所探しでもあった。つまり職場における「人間関係への不満」「希望の持てない仕事内容」「仕事疲れ」が別天地への期待を膨らませたのである。見知らぬ土地で自分を必要としてくれる男性がいれば、そこに移動したい気持が強かった。都会の女性の「逃げ場」探しの参加と感じた男性は女性にかすかな期待を抱きつつも不信感が強く、積極的な結婚行動を抑えた。

三つ目の視点は、農村独身男性の結婚観だ。稼業、地域、家の跡継ぎ意識を刷り込まれ、結婚モデルとなるのは、両親や祖父母などに限られがちだった。それ以外の結婚の形や夫婦の暮らしのイメージが持てない。それにもかかわらず結婚を望むのは、「家族や地域がうるさいから」だった。それよりも男性にとっての課題は、女性との会話の仕方や交際の仕方がわからないことであった。そんな男性を周囲は「消極的」「押しが弱い」と批判し、「一歩踏み出せ」「がんばれ」とアドバイスをする。思いあまった男性が、「どうがんばればいいのか具体的に教えて」と返す場面もよくあった。これに対して、結婚へのハウツーを求める男性のためにファッション、食事マナー、会話術、などの事前学習が全国で展開されていった。

こうした状況や課題は今も消えてはいない面もあるが、農業経営の法人化や地域の若者の交流や学びの機会が増す中で、その壁は低くなってきた。新婚住宅の整備、敷地内別居、二世帯住宅、通勤農業、週末夫婦という選択肢も生み出された。跡取り同士がお互いの家を守るため「事実婚」を選択した事例も出た。農業は女性参画も可能な新たなビジネスとして、「環境」「自然」「食料」などをテーマした視点から農村社会全体に目が向けられるようになった。結婚は農業に生きようとする共感の結果であり、対等な夫婦関係による法人化も進んできた。長い時間をかけて多様な形は生まれているが、人口減の加速は止まらなかった。

2 全国に広がる結婚支援事業の苦悩と成果探し

少子化が社会問題になり始めたのは1990年代後半からだった。農村だけでなく、日本社会全体の人口減少が顕著になった都道府県の中で、２００６年、茨城県が「いばらき出会いサポートセンター」を開設、マッチング紹介や出会いイベントなど結婚支援事業を開始したのを機に、各県が続いて支援事業に取り組み始めた。２００９年に政府は、少子化対策とした「結婚支援」に対して初めて「結婚支援国家予算」を盛り込み、都道府県への結婚支援事業金を交付した。この動きに対し、個人の選択である結婚に政府が関わることに世論からの批判が相次いだことも事実だ。

地方圏での動きとは別に、「結婚相手紹介」事業は、１９７０年代にすでに都市圏を中心に民間ビジネス業界において生まれていた。２０００年代に地方自治体の「結婚支援事業」が本格化したことで、官民二つの路線で広がり「婚活時代」という言葉を生み出した。さらに業界の動きに学び、マッチングシステムのデジタル化が自治体の結婚支援事業にも取り入れられた。２０２３年時点で37都道府が支援事業を実施。マッチングアプリや「ＡＩ」を含むデジタル化や結婚支援者の育成などに１００億円の国家予算が投入されている。こうした動きに結婚への期待が生まれる反面、その活用が、婚姻数、出生数に変化をもたらすのかどうかが問われ始めている。

こうした道府県の「結婚支援センター」に独身者が登録する理由は、「出会いの機会がない」「入会金が民間より安い」「行政のバックアップは安全安心」という理由が大きい。入会金を支払い、履歴と自己紹介を書き込み、写真と役所の独身証明書を持って登録。個人が特定されない情報から、自分が理想とする条件の相手をさがし「お見合い」となる。

しかし、マッチングシステムでは解決できない課題もある。お互いの希望条件のすり合わせのズレだ。登録者は各県とも30～40代前半が多い。40歳前後の男性は女性の出産可能年齢を意識し30歳前後の女性を希望する。その結果5～10歳年下を選ぶケースが多い。一方、女性においては自分の年齢が高くなっても、自分とあまり年齢差がない人を希望する。つまり、年齢が上がるほど、男性の希望する女性との年齢差が広がっていくため、選択のミスマッチがおきている。

加えて、相手の学歴、収入、職業などの選択条件に関しても、もともとの希望をあくまで変えない会員が多い。その結果生じるミスマッチに対し、支援センターのスタッフやボランティア支援者が、希望条件の見直しアドバイスなどを面談で行ってきた。

ネットによるマッチングアプリによるシステムでは、そうした相談やアドバイスの機会は少なくなり、支援センタースタッフが登録者と面談する機会も少なくなってきた。スタッフはシステム運用のオペレーターでしかないのか、という戸惑いも生じている。スタッフは会員の相談、アドバイス、寄り添い、など信頼関係をどう構築するかが問われ始めている。

若い独身男女に気楽にセンターに登録してもらい、楽しく相手を探すために「価値観診断」「趣味検索」「性格診断」など、若者が好むゲーム的な選択システムを導入した県もある。また、「オンライン婚活」で複数の男女のおしゃべり交流や、「会員登録」「相手検索」「お見合いの日程調整」までをオンライン化させるサービスも生まれている。さらに「プレ交際」「仮交際」という名称で複数の人とお見合いし、同時交際することも可能にした。複数交際期間を約3か月と定め、その間に1人に絞り「真剣交際」に入った段階で支援センターに報告。この報告をもって成婚数とする。このルールはすでに民間業界では長年実施してきている。つまり「真剣交際」の報告数が成婚数とされる。多様な結婚やカップルを認める時代にあってこれは理にかなったものかもしれない。「結婚届」「結婚式や結納」を強要しなくなってきている風潮からは、2人の意思だけを尊重した形なのかもしれない。地方自治体からは、今までより交際率や成婚数も増えたという報告もある。複数交際や交際期間の限定というルールがなせる技ともいえる。

しかしデータによる条件のすり合わせ、アプリによる膨大な人間のデータの閲覧、バーチャルの世界での想像が進む中で、人間関係としての「信頼」「共感」「補い合い」「それらを生み出すコミュニケーション」をどう育てるかは大きな課題として残るのではないだろうか。「結婚支援」の目的は結婚を強要するものではなく、「出会いの機会の創出」という定めを共有した事業になっている。したがって、出会いのチャンスを提供するという事業の目的は達成されているともいえる。成婚数を追うものではないとすれば、デジタル化や新規ルールが法律婚としての成婚数を増やしているとは言い切れない状況にあるからだ。

3　若者と社会が求める「幸せな結婚」のズレは

晩婚化社会といわれる中で、結婚は先のことと考え、結婚相談所を訪れることの少ない20代の若者の結婚意識はどのようなものか。とりわけ、結婚予備軍である20代前半の男女の思いやその「壁」の把握のために、いくつかの県の紹介を受けて、若者に話を聞いた。見えてきたのは「同棲」という選択を望む声が多いことは意外だった。結婚へのイメージはなく、それは「5年先」「30歳ぐらい」とみている。自分の仕事や生活リズムの都合が相手の都合と合うかどうかが判断ラインのようだ。

また、地方圏ではかつて結婚の主な理由となっていた「家」「稼業」「地域」などの「跡取り意識」は20～40代にとって深刻な課題ではなくなりつつあるようだ。兄弟姉妹が少ない若い世代が気にしているのは、最終的に誰が親の面倒を看るかという問題だった。

●萌音さん（22歳女性・仮名）

イベント会社に入社1年目。仕事に慣れずに、目の前の事をこなすのに必死。なんとかやっていられるのは、実家暮らしで疲れていても家族が食事や日常のことをやってくれるから。そんな自立していない中で結婚後の暮らしをリアルに考えられない。子育ても幼稚園に入れたいと思ってはいるが、その時に仕事を続けられるのかイメージできない。最近、彼氏ができたが、結婚は10年先の出来事だ。「仕事」がすべての壁になっている。

●真希さん（24歳女性・仮名）

高齢者施設に介護士として勤務3年目。今後はステップアップして、地域福祉の仕事をしたい。今、26歳の男性と付き合っているが、親には言ってない。結婚は仕事のステップアップができてから考えたい。彼も同じ仕事でお互いに不規則で生活リズムができていない。お互いにサポートし合える暮らしのイメージが持てない。結婚は個人の自由、早くても3～4年先かなと思う。

●翔太さん（23歳男性・仮名）

社会福祉士で、仕事は大変だけど楽しい。学生時代に知り合った女性がいる。車で1時間ぐらい離れたところにいるのでいつも会えるわけではない。結婚の約束はしていないけど、同棲はしようと話している。でも、仕事が忙しくていつになるかわからない。結婚は先の話。早く籍を入れちゃうと相手の家との関係とか、2人の価値観の違いなど関係が悪化した時まずいので。

社会人となった20代前半の男女にとって「仕事」は時間的にも精神的にも日常のすべてを占め、「ゆとりの時間」は持てていない。その中で交際相手ができても、日常的に会える余裕もなく、交際を維持するには「同棲」という選択肢につなげる若者が多い。しかし、その「同棲」もすれ違う仕事のシフトや暮らしに必要な貯蓄ができていないと、先延ばしにしているカップルも目立つ。

そこで20代前半の男女が結婚は5～10年先とみていた30～40代にフォーカスして、その年代の男女には、どのような「課題」が結婚の壁になるのか聞いた。

●和也さん（男性・仮名）

高校の頃は片思いで、その後付き合った人はいない。人と話すことが苦手。中学生の頃いじめにあって学校に行きたくなかったし、誰とも話したくなくなった。高校卒業して工事現場の仕事についた。肉体労働はつらくないけど親方が現場でいつも怒鳴りちらすのが嫌でつらい。面白くないから、口をきかないと親方はますます怒った。

35歳になり、はじめて「結婚」を考え、結婚支援センターに登録した。お見合いになっても30分という時間制限なので何を話していいのか、どうすればいいのかわからないでいる。最近、仕事場で25歳の後輩が俺に話しかけてくる。うるせえ、と無視したが「彼女ができた」と言い始めた。ウザイと思い「いいじゃんか」と流したら、勝手にうれしがってさらに話しかけてきて、先輩と慕ってくれる。

（いい友達できたね。うれしい？）まあね。

●友恵さん（女性・仮名）

小学1～2年の頃、両親が急に離婚して不安だった。ある日父にいきなり「母か俺かどちらについてくる？」と聞かれた。とっさに「母」と言ったら殴られ、夜の庭に放り出された。暗闇での戸惑い、不安と恐怖の中、叔母の家に逃げ込んだ。

独身で気の強い叔母と、何事も無関心な母との3人で暮らしてきた。自分をガードすることで精いっぱいだった。叔母から「自立してこの家を出て」と言われてきた。高齢者施設のケアマネの仕事についても、職場の人間関係に気を使い、いつも緊張していた。思い切って「一人暮らし」を始めたのは2年前。今、38歳になり、支え合う人がほしいと思い「結婚相手」を探しを始めたが、父を思い出すと男性不信がぬぐえない。「結婚」をイメージできないし、男を見る目もないし、相手とどう関わればいいのかわからない。

●真一さん（男性・仮名）

高学歴・高年収。なのに、なぜお見合いでは断わられるのか。女性は結婚を真剣に考えていないのでは。女性も経済的に自立しているから、男性に頼ることもないからお見合いしてもすぐ断る。男性を理解しようとしない。

（お見合い時、自分のことばかり話をして相手のこと聞かないほうだと女性に言われたということですが、貴方はどう感じましたか？）無口だと消極的と思われるし、お見合いで肝心なのは自分のことを知ってもらうこと。一生懸命話すのは当たり前だ。進学も就職も頑張って公務員になり両親を安心させた。仕事もまじめにやって、やっと「結婚」という思いになった。そんな自分を理解してもらいたい。（相手のことを理解する会話も必要では？）相手の女性に質問すれば「面接」みたいと嫌われるんじゃないかと思う。

この三例は個人的な事情ではあっても、結婚の壁が顕著なケースである。学校や家族との間の出来事は子どもの人生に大きな影響を与え、「結婚探し」のところで、その溝の深さに気づかされる。そこを乗り越え自立した大人への成長をどう導くのかが問われる。結婚支援の限界でもある。結婚を急がせるより「身近な友人との関わりから知る楽しさ」や、「仕事を通して、世代を超えた人々との関わりから人生を学ぶこと」をアドバイスしたり、緊張のある「お見合いを人と関わる楽しみな場と捉えなおす場と考えては？」そんな気づきを促すアドバイスを支援の一つとして重視することも必要ではないだろうか。

真一さんのケースも、40歳前後からの男性に多い。お見合いの場で、自分の行動への自信や責任感への理解を求めるのは、女性から断られたくない気持ちと、男としての優位性を強調したい気持ちの結果であり、その裏に自立した女性への潜在的不信感があると感じる。それとも女性との会話で話題が見つけられない戸惑いからなのだろうか。現場では後者のような気もしている。

結婚支援事業の中で、仕事や暮らしの中で抱えている結婚や出会いの壁になっていることや、相手との関わり方についての悩みや体験を独身者同士が互いに話し合う「婚活トーク」を行うこともある。その過程で、自分を客観視し何が障害になっているかに気づき新たな視点を持つようになっていることに支援者も気づかされる。そのケースの一端を紹介したい。

●治樹さん（男性・仮名）

仕事柄、全国的に移動する転勤族。女性と出会いの機会もなく、転勤先の結婚相談所を活用して婚活を続けてきた。うまく交際を続けられないのは、自分が委縮してしまうからだ。理由は女性も仕事を持っているのに、転勤という都合で、相手に会社を辞めて俺についてきてとはどうしても言えない。結局、真剣な交際になりきれないまま年を重ねてしまった。この状況で結婚は困難かも。

●久実さん（女性・仮名）

都市から転勤で来ていた県外の男性と出会い結婚を決意。自分は公務員。仕事に未練はあったが退職して県外の彼に嫁ぐ決意をした。移動の準備で彼は先に県外の転勤先に移動、なんとそこで別の女性と出会い婚約してしまった。裏切られたことより、仕事を失ったショックのほうが大きかった。30代になってから出産年齢がより気になりだした。世間体も気になったが前進するしかない。留まっていては何も生まれないと仕事も結婚も必死に探した結果、今、どちらも得られた。何が起きても留まっていてはダメとみんなに伝えたい。

●純一さん（男性・仮名）

離婚して2人の子育てをするシングルファザー。再婚しても子育ての責任は自分が持ち、女性だけに負担をかけはしないということを伝えたくて、お見合いではいつも開口一番女性にこのことを話し理解を求めた。しかし、女性は自分の事情を理解してお見合いを了解したはずなのに、何度も断わられてきた。今気づいたことは、2人の関係づくりが先決なのに、自分の事情だけを押し付けていたのではないか。相手の事情も受け入れて、2人で生活をつくる姿勢で向かい合ってみようと思うようになった。独身者同志のオンライン交流で気づかされた。

● 壮太さん（男性・仮名）

結婚後の人生設計は大事と聞いてきた。それを女性に誠実に伝えることが大事と考えていた。そこで、住宅計画、子どもの出産計画、家事育児分担計画を、最初の「お見合い」の時伝えた。お見合いは結婚の入り口と考えたからだ。なのに、女性からお断りされたことが疑問だった。出会いはもっと楽しく楽なほうがいいもかもしれないと、アドバイザーの話で気づいた。出直したい。

4人のケースから見えることは、男女共に仕事を持ち続けることが前提となる時代であり、結婚は両者の仕事、働く環境、暮らしのサイクルなどの事情のすりあわせであることを示している。最初から、自分の「人生設計」や「結婚後の家事育児分担」を切り出すことは、一方的な押し付けと受け取られかねない。ここに、結婚を勧める社会と結婚を希望する本人のミスマッチを感じる。若者たちには、結婚への「判断力」「決断力」「調整力」を学ぶ環境がないことがネックとなっている。相談員は、結婚への希望があることだけを受け止めるのではなく、結婚に向けた本人の体験や学びを促すようなアドバイスが必要といえるだろう。

全国都道府県の結婚支援事業は、「結婚機運醸成」や「マッチングシステム」が中心だ。デジタル化の中でスピード感を持って出会う機会を拡大できる合理性にかなう動きだ。しかし、この支援で欠落していることがあるとすれば、若い世代が、幅広い人生選択や決断する力を育む環境づくりではないだろうか。若者はさまざまな事情を抱えている、その視点に立った新たな施策を講じる必要性を感じるのである。

ある地方の独身若者が行政のサポートで3時間の出会いイベントを主催した。実行委員会（県内若者25名）を組織し、その準備に半年をかけた。結婚について毎週のように語り合い、２００名を集める事業として成功させた。その結果、実行委員会の中で2組が結婚した。若者たちはお互いの違いを語りあい、受けとめ、違いから多様性を発見し、より柔軟に生き方を考えるようになった。こんな場面を私はしばしば垣間見てきた。

過去には、若者が主体的に学び、遊び、仲間という信頼関係をつくる環境が地域社会にはあった。地域社会は、思想信条を超えて若者を育ててきた。当時と同じことはできないものの、若い世代が語り合い、関わりあう、そんな人間形成の場を地域社会に再生する取り組みが必要ではないだろうか。若者同士の信頼感が醸成され、若者がパートナーと生きる意味をとらえれば、マッチングシステムはより有効に働くと思う。これからの結婚支援はそんな「二刀流」による成果を期待したい。

少子化に悩む市町村行政は、子どもを増やすための結婚事業から脱却して、若者を育て社会参画を推進するという理念のもとに地域づくりに取り組み、プログラムを企画の中に生かしてみてはどうだろうか。

Column

地方圏に暮らす若者

宮本みち子

〝失われた20年〟における若者の孤立・貧困・排除の実態を地方圏にフォーカスして描いてみたい。私は2010年代の数年間、岩手・山形・大分・宮崎の4県で、不安定就労の状態にある130名に及ぶ若者から仕事・結婚・暮らしに関して詳しい話を聞くという調査を共同で実施した。地方圏の悩みは、若者が県外に流出してしまい少子高齢化に歯止めがかからないことだといわれるが、実際のところ、「東京に出たい」という憧れを抱く若者は減っていて、県外流出数は減少しつつある。住宅条件は大都市より良好、ファッションにも差が少なく、大きなショッピングモールもある。情報化とモータリゼーションは若者たちをすっかり変えたのである。しかし、県外流出者減少の理由はそれだけではない。大都市に移動するためのコストの高さ、住宅費と住宅の質の問題、仕事や収入の見込みを考えると、家庭に恵まれ高い学歴を得られる見込みのある若者以外には移動のメリットがなくなり、高度成長期のようにこぞって県外に移動することはなくなっているのである。

それにもかかわらず、「仕事と暮らし」の点で、地方の若者が直面している厳しさには独特のものがある。将来を見通すことのできない若者の姿に懸念を感じざるを得ない。地方圏に留まった若者の状態は、社会経済階層によって違いはあるものの、地方経済が好調な時代に親が築いた生活基盤と生活水準を子どもは踏襲できない状況がどの階層にもみられる。踏襲どころか困窮する親を助けざるを得ない若者もいる。例えば高卒正社員男性のAさんは、家計が苦しいために、高卒で働き始めてから33歳の現在まで未婚で親元に同居し、自分も弟も給料全額を親に渡して、そこからこづかいをもらっている。正社員といいながらも昇給がないどころかむしろ減少していくような状態であるが、親子の生活はその就労で支えられているのである。

高卒正社員男性のBさん36歳は、1か月の手取りが15万円程度である。昇給はなくボーナスは年々減っている。将来がみえないような仕事を続けていていいのか悩んでいる。転職したいという意識はあるが、年齢的に難しいので仕方なく続けている。

所得は全国的に伸び悩んでいるが、都市と地方の所得格差も拡大している。地方では、少子高齢化と人口減少によりますます少なくなる若者たちが、安定した仕事に就けず、将来の見通しがつく生活基盤を築けないという皮肉な構造が広がっている。不安定就労の若者は親と同居している。つまり、親が若者の暮らしを支え、乏しい社会的支援を代替しているのである。転職が多く不安定な雇用状態にある若者ほど、確固とした帰属先を持てない孤立した状態にある。いまや少子化対策として婚活推進は国をあげての施策となっているが、もっと若者たちの生活実態に即した取り組みが必要だ。

若者を対象とする社会的支援サービスが地方ではとくに少ない。人生の基礎固めをするべきライフステージにある若者たちには、仕事、教育・職業訓練、結婚、住宅、地域移動、お金、健康、レジャー等に関する有益な情報と相談できる人や機関が必要なのだが、それに恵まれない若者が地方圏には少なくない。帰属する場や集団がなく、社会関係の広さや厚みが感じられない若者が少なくないことも気になる。

先が見えない日々を過ごし、「限定された地域にひきこもる」ような暮らしをしている若者たちを生まないためには、若者が参加でき、エンパワーされる場が必要だ。地域の中に居場所と豊かな人間関係、参画でき発言できる場が必要である。それらが若者の自尊感情や、生活満足度を高めるはずである。また、賃金を補完する住宅手当や公営住宅、保育サービスや子育て支援給付などの補完的所得・サービスがあれば暮らしは成り立つ。夫婦が育児をしながら共働きできる環境、男女平等な職場なども重要な条件である。地方の将来を担う若者たちが生きられる環境作りを進めなければ、地方に未来はない。

出典――――
石井まこと・宮本みち子・阿部誠編（2017）『地方に生きる若者たち――インタビューからみえてくる仕事・結婚・暮らしの未来』旬報社

第Ⅲ部
意見表明と社会参画の権利

第9章

民主主義を語る若者政策・ユースワークへ

汎ヨーロッパの若者参画施策の経験から

両角達平

1 子ども・若者の意見表明権保障のその先は何か

日本で法律によって定められた若者政策の確立から10年以上が経ち、2022年には子ども・若者を権利主体と位置づけたこども基本法が成立した。基本法成立からの1年以内に、国内外の先進事例や専門家からのヒアリング、子ども・若者当事者からの意見聴取をかつてない規模と質で実施したことは、大きな前進である。基本法に則って設置されたこども家庭庁は「こどもまんなか社会」の実現を全面に押し出し、子ども・若者の政策の決定過程への参画機会を創出することに強くコミットする方針を打ち出している。

さらに、こども基本法第11条においては、国及び地方公共団体が子ども若者施策を講ずる際には、施策の対象となる「こども又はこどもを養育する者その他の関係者の意見を反映させる」ことを義務づける規定が設けられた。これにより近いうちに、国や自治体のあらゆる公的機関や委員会などにおいて、子ども若者の意見反映の取り組み数が増大すると同時に、そのバックラッシュとして意見聴取機会自体が目的化し、形骸化する可能性が懸念される。

本章では、日本の子ども・若者政策が参考にしていた、欧州における若者政策と若者参画の考え方について、改めて整理する。また、若者政策の実施主体である欧州のユースワークと、その二つの型としての「移行」と「フォーラム」の考え方に触れる。最後に、東欧諸国におけるユースワークの実態、若者政策と民主主義の関連について論じる。子ども・若者の意見表明権の保障が確立した今、改めて立ち止まり熟考したいのが、何のための子ども・若者政策なのか、という問いである。

2 欧州評議会とEUの若者政策の違い

２００９年に子ども・若者育成支援推進法が導入された際に参照されてきたのが、欧州の若者政策である。欧州の若者政策といった時には、ヨーロッパ連合（ＥＵ）の政策が取り上げられていることが多いが、実はＥＵよりも欧州評議会（Council of Europe）のほうが、歴史が古い（写真９－１、写真９－２）▼1。国際機関としての両者の性格の違いは欧州の若者政策にも反映されている。広く浅いネットワーク間で若者政

写真 9-1　欧州評議会の建物（フランス、ストラスブールにて、筆者撮影）

写真 9-2　EU の欧州委員会の建物（ベルギー、ブリュッセルにて、筆者撮影）

策の哲学や、理念的な目標を共有しているのが、欧州評議会主導の若者政策である。他方のEUは欧州評議会とは異なり莫大な税収と法体系のもと、リソースを伴う実効性の高い施策を打つことができるので、若者政策自体も具体性や施策としてのアウトカムが求められる。

3 欧州若者政策の対象年齢

そのような性格の違いを踏まえながらも、それぞれの機関が中心となってこれまで汎欧州の枠組みで若者政策(youth policy)は構築されてきた。欧州評議会の発行した「若者政策マニュアル(2009)」によると、「国の若者政策(national youth policy)とは、当該国における若年層の良好な生活状況や機会を保障する政府の公約および実践である」とされている(Denstadほか2009, p.13)。対象が限定的である場合もあれば、広範である場合もあり、政策の実行力が弱い場合も強い場合もある。また、若者政策は、もちろん望まれるものであるが、必ずしも集約して文書化されているとは限らず、散り散りバラバラに施策文書で記述され、それらが関連しあって体をなしている場合もあるとされている。

対象となる「若者(youth)」とは社会的に構築された概念であり、児童期から成人期にかけての自律を目指す複雑な「移行期」であると欧州では考えられている。若者が何歳を指すかという点については、普遍的な合意はなく、国や施策によって統一されておらず、年齢の上限や下限を厳格に定めている国や施策もあれば、子どもと若者の境界を明確に定めないで「子ども・若者施策」として実施している国もある。

このような主体や施策による年齢の違いは、汎欧州レベルの若者政策でも同様である。欧州の若者政策の礎となった欧州若者白書（2001）においては、若者は15歳から25歳とされている。他方でＥＵの若者の実態調査を統計的に集約する場合には15歳から29歳を若者として採用し、欧州内の学生や若者の国際交流事業である「エラスムス」においては13歳から30歳を対象年齢としている。また、欧州評議会は、一部の例外を認めながらも18歳から30歳を若者分野の活動の対象年齢と定めている。欧州のこのような若者の考え方は、成人の身分を認められる前に経験する半依存の期間としての〝若者期 youth〟を想定していることがよくわかる（宮本 2018, p.32）。

4 欧州における若者参画施策の萌芽

それでは、汎欧州の若者政策の中でも若者参画（Youth Participation）に関する施策は、若者政策の中でどのように展開されてきただろうか。

欧州評議会はまず、１９６０年代のヨーロッパにおける学生運動の高揚を受け、１９７２年にストラスブールに欧州ユースセンター（写真９－３）と欧州若者基金を同時に設置し、これが欧州の若者政策の先駆けとなった。１９７０年代に若年失業率の高まりなどを受け、若者は参画の主体でありながらも、脆弱性の高い移行期にあることが認識されるようになった。

この時期から汎欧州における若者参画施策が展開されることになっていく。１９８５年には第１回若者施策

写真 9-3　欧州ユースセンター（フランス、ストラスブールにて、筆者撮影）

担当大臣会合が開催されたが、この時点では国が若者にどのような「支援」を与えることができるかという発想にとどまり、若者の「意思決定への影響力の発揮」という視点は力を持たなかった。若者について把握するには、伝統的な個票調査などの方法に限定されていた。

若者の意思決定への影響力の発揮が主題になったのは、１９９０年代後半からである（Crowley & Moxon, 2018, p.14）。１９９７年の欧州評議会の勧告No. R(97)3及び、２００３年の「地方・地域生活への若者参加に関する欧州憲章（改正版）」（以下より若者憲章）▼[2]が直接のきっかけとされている。同文書は加盟国に対して、公的な機関における意思決定過程において若者の参画を促すことを推奨した根拠文書となった。これにより加盟国には、若者政策の形成・発展のプロセスにおいて若者と意思決定を共有する恒久的な仕組みとして若者の代表機関▼[3]の設置が求められるようになり、後にこれが欧州若者政策の「スタンダード」の一つとなった。また、地域や国レベルのユースカウンシルやスポーツ、野外活動や趣味サークルも含めた若者団体（youth organization, youth NGO）などのチャンネルでの若者との対話の重要性が認識され始めるようになった（2018, p.15）。

こういった欧州評議会主導の若者政策の議論に弾みをつけ、具体的な実行力を伴う後押しをしたのが、ＥＵレベルでの若者政策へのコミットである。その布石となったのが２００１年に公表された「欧州若者白書２００１」▼[4]であり、これまで欧州評議会が理念的に掲げてきた若者政策を、より強い権限と財源で後押しした。白書では、若者を若者政策の形成過程に巻き込むことを「若者参画（Youth Participation）」と位置づけたが、実際にこの白書自体も加盟国の若者と若者政策の担当者の参画を通じて完成させた。

今日の欧州の若者政策の基本的な枠組みは、欧州評議会のユースセクターを牽引してきた故ピーター・ローリツエン氏の「若者政策の8つの指標」▼5に基づいているとされている（Bacalso & Alex, 2016, p.1）。そこでは、若者政策は、

1. 若者に関する（若者政策を保障する）法律があること
2. 財政的な資源が国家予算から若者政策に計上されること
3. 非政府の団体の社会的基盤が整備されていること
4. ボランティア並びに専門職の養成過程があること
5. 若者に関する独自の調査をすること
6. （若者政策を担当する）政府への諮問委員会があること
7. 全国、地域、市町村レベルにおいて政府・自治体、関連機関、そして若者をつなぐネットワークがあること

を基本的な指標とした。これらの枠組みはその後、欧州評議会による若者政策のレビュープロジェクトにおいてさらに検討され、専門家を招き若者政策の提言書がまとめられ、これが若者政策の「欧州スタンダード」となった（Denstadほか 2009, p.29）。さまざまな政策文書で若者政策の指標が論じられているが、その中でも汎欧州規模の若者団体の傘組織である欧州若者フォーラムが作成した、「欧州若者政策の8つのスタンダード」は、欧州の若者政策の構成要素を理解するのに役立つ（図表9－1）▼6。

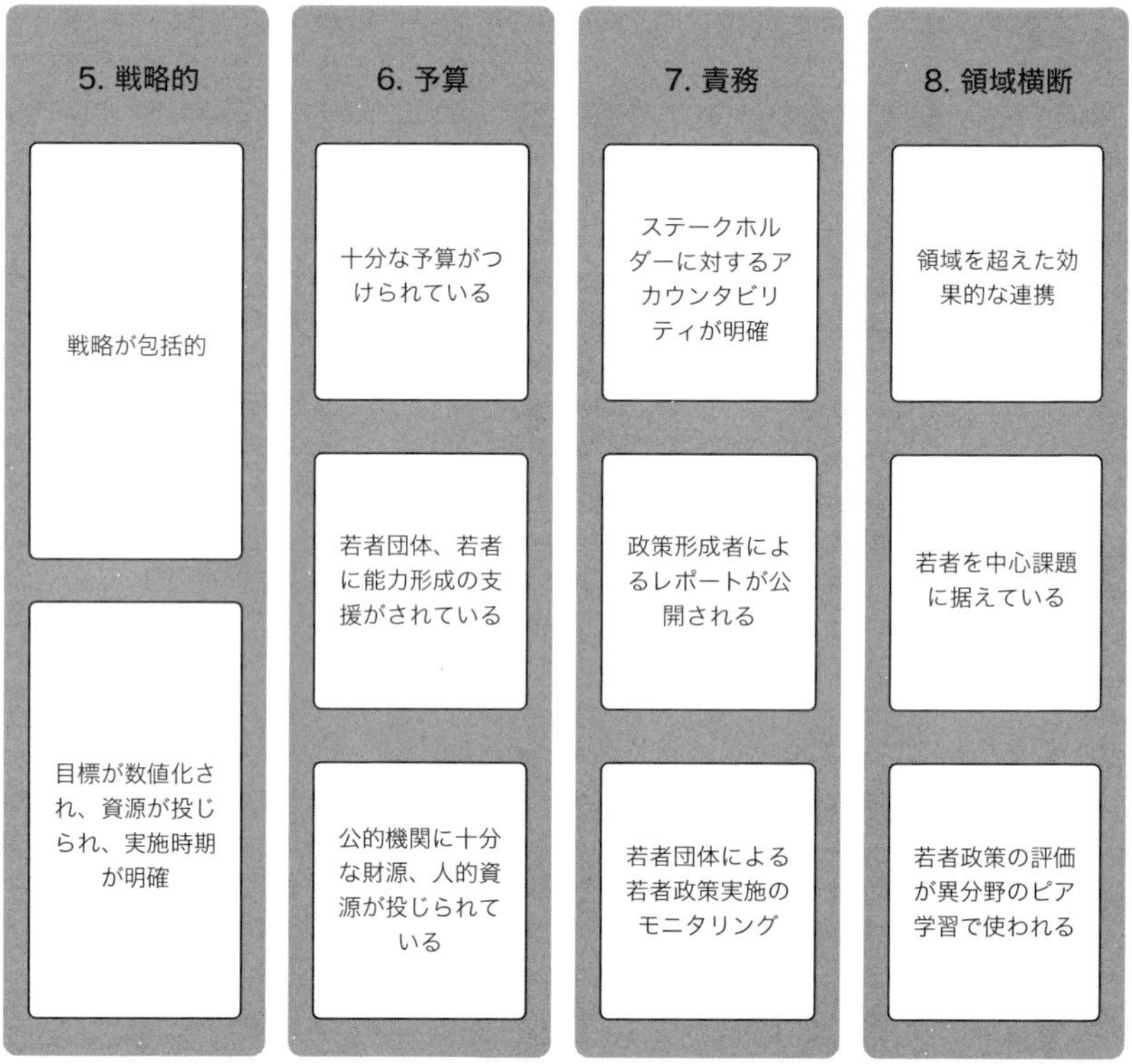

5. 戦略的	6. 予算	7. 責務	8. 領域横断
戦略が包括的	十分な予算がつけられている	ステークホルダーに対するアカウンタビリティが明確	領域を超えた効果的な連携
	若者団体、若者に能力形成の支援がされている	政策形成者によるレポートが公開される	若者を中心課題に据えている
目標が数値化され、資源が投じられ、実施時期が明確	公的機関に十分な財源、人的資源が投じられている	若者団体による若者政策実施のモニタリング	若者政策の評価が異分野のピア学習で使われる

　このスタンダードは、欧州の若者政策の質をチェックするツールキットの中で触れられているものである。良質な若者政策であるかどうかを8つのスタンダードと、スタンダードを満たしているかどうかを判断する具体的な指標によって構成しており、ここに欧州の若者政策の理念に則した具体的な方向性が現れている。

　2012年、欧州評議会の若者政策部局と子どもの権利部局は、国連子どもの権利条約の精神に則り、子ども・若者の参画の権利を促進すること、多様な参画の機会を保障する勧告を発令した。後に、子どもの権利部局は評価ツール「Child Participation Assessment

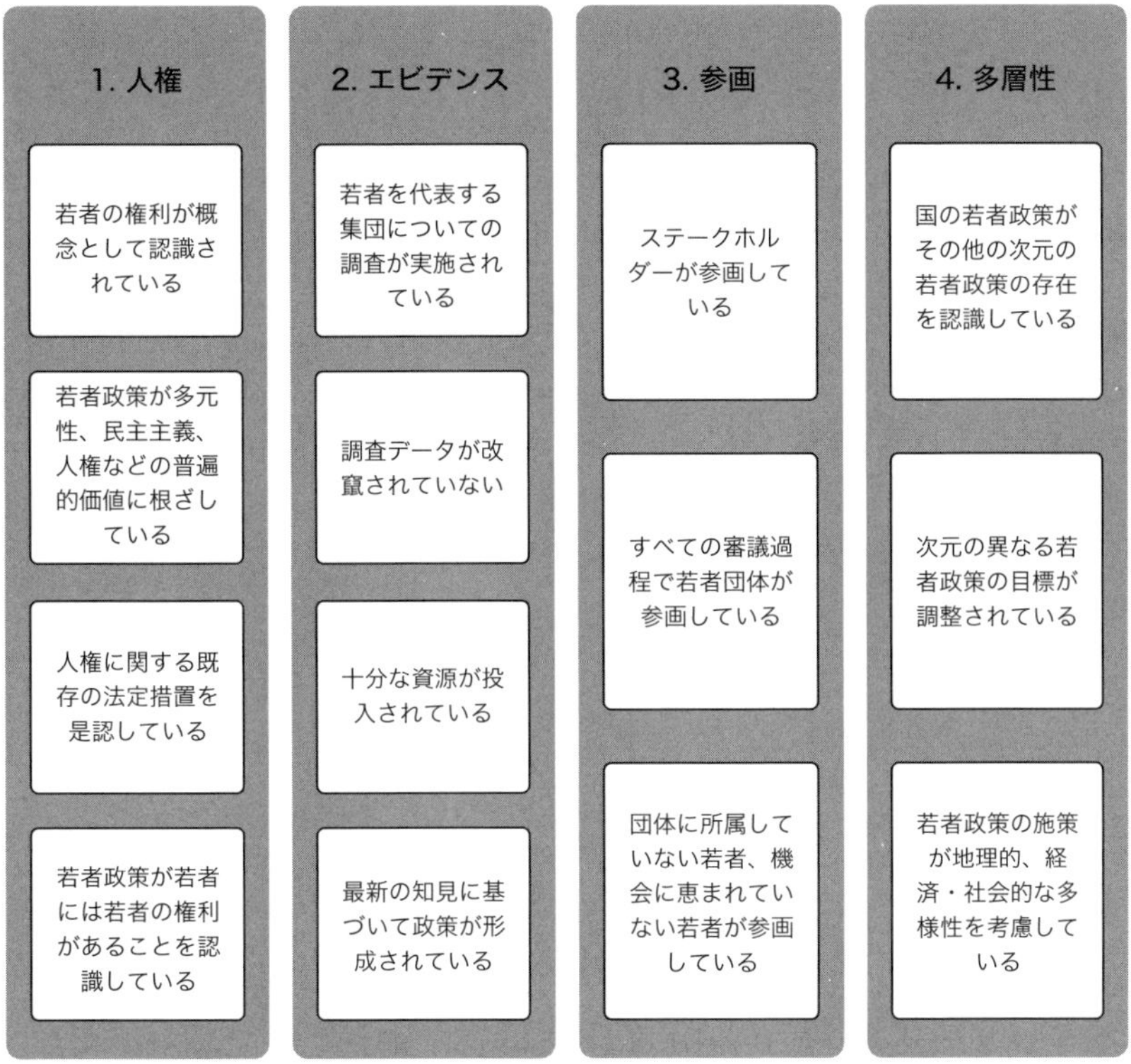
1. 人権
若者の権利が概念として認識されている
若者政策が多元性、民主主義、人権などの普遍的価値に根ざしている
人権に関する既存の法定措置を是認している
若者政策が若者には若者の権利があることを認識している
2. エビデンス
若者を代表する集団についての調査が実施されている
調査データが改竄されていない
十分な資源が投入されている
最新の知見に基づいて政策が形成されている
3. 参画
ステークホルダーが参画している
すべての審議過程で若者団体が参画している
団体に所属していない若者、機会に恵まれていない若者が参画している
4. 多層性
国の若者政策がその他の次元の若者政策の存在を認識している
次元の異なる若者政策の目標が調整されている
若者政策の施策が地理的、経済・社会的な多様性を考慮している

図表 9-1　欧州若者政策の８つのスタンダード

「Tool Implementation Guide」を開発し公開（2016）している。その後もEUユース戦略（2010-2018）においても「若者参画」が優先事項とされ、他方の欧州評議会も「民主社会における若者参画」（2013）を調査報告書として発刊している。

5　欧州若者政策における若者参画の考え方

そのような経緯を経た欧州若者政策の「若者参画」は現在ではどのように考えられているのだろうか。ここでは欧州評議会とEUのパートナーシップ事業である欧州若者政策ナレッジセンター（European Knowledge Center for Youth Policy：以下、EKCYP）が作成した若者政策に関連する「用語集」▼7を出発点としたい。この用語集の〝Youth Participation〟（若者参画）▼8の項目では欧州評議会の2003年の若者憲章から以下の文を引用している。

「あらゆるコミュニティにおける民主的生活への参画とは、単なる投票や立候補（それ自体は重要な要素ではあるが）ではない。参画と能動的市民性とは、意思決定に関与し、影響をあたえるための権利、手段、空間、機会、そして、必要な場合には支援を手にしていることと、よりよき社会づくりに貢献するための活動や行動に関与することを意味する。」▼9

そのうえで、若者参画を①直接参画、と②間接参画の二つに区別している。①は（若者が）政治的な決定に直接影響を与え、政治的な決定過程への構造的関与を可能とするという意味での直接的な参画である。②の間接参画は、若者や市民に働きかけ、関心事や立場を支えることを促し、議論や、意見形成、運動を可能にすること、としている。さらにSalto Participation Information Erasmus+ Resource Centerの一文を引用して、用語説明は、以下のようにしめくくられる。

若者参画とは、個々の若者および集団としての若者が

a. 自由に意見表明をし

b. 彼ら自身に影響を与える社会的な意思決定に貢献しまたは影響を与え

c. 私たちのコミュニティの民主的・市民的な生活の中で積極的であるための権利、手段、空間、そして機会を保持していることである。

6　今日の欧州の若者参画政策の実際

以上を基本的な理念として若者参画施策は推進されてきたが、具体的にはどのような施策を推進し、若者当事者が若者政策の意思決定にかかわり影響力が発揮できるようにしてきたのだろうか。

欧州評議会においては若者の声を若者政策に反映させるための共同経営構造（co-management structure）が実施されている。（図表9－2）欧州評議会の若者政策の意思決定を担うのが、ユース合同評議会（CMJ）であるが、これはユース諮問機関（CCJ）と欧州ユース運営委員会（CDEJ）の二つの組織からなる合議体である。ユース諮問機関（CCJ）は、30の若者団体（NGO）及びネットワークから構成されヨーロッパの若者を代表する諮問機関となっている。ここには各国の若者協議会（イギリス若者協議会BYC、スウェーデンの若者団体協議会LSUや、マルタ共和国若者協議会、セルビア若者協議会など）に加えて、政党の青年部、スカウト団体（WOSM）、学生団

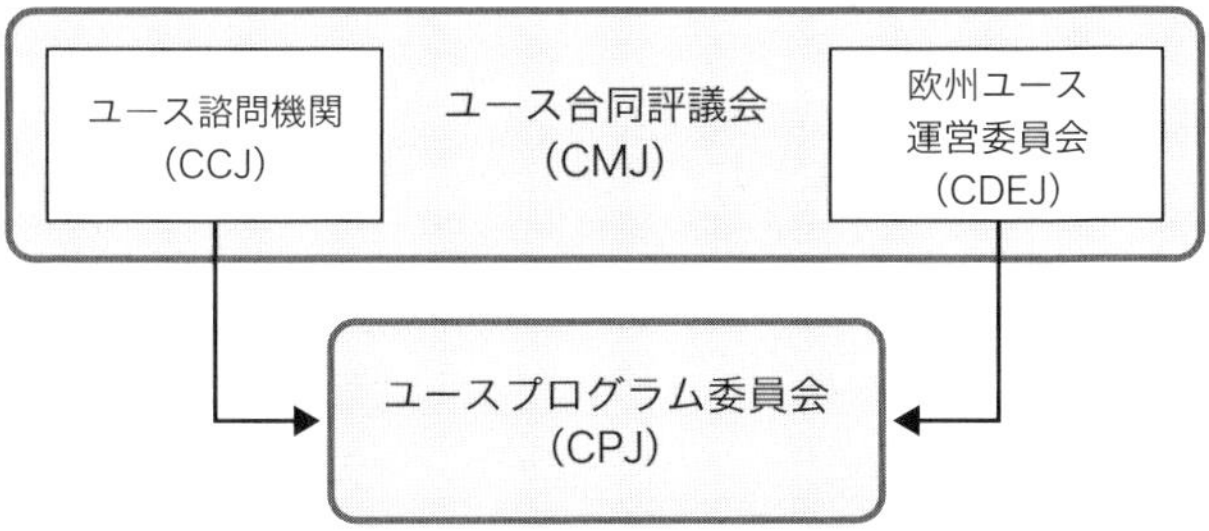

図表 9-2　欧州評議会における若者政策の共同経営構造

写真 9-4　欧州ユースセンター（フランス、ストラスブールにて、写真提供 Mihai Sebe）

体、人権擁護団体、ユースワーク団体などが参画している（写真９－４）▼[10]。これらの若者団体は、欧州評議会加盟国を中心とした各国の若者協議会（National Youth Council）から構成される欧州若者フォーラム（European Youth Forum）からの推薦を得て選ばれることになっている▼[11]。

そして欧州ユース運営委員会（ＣＤＥＪ）は、欧州評議会の加盟国の大臣や若者施策を担当する機関の代表から構成されている。この二つから構成されるユース合同評議会（ＣＭＪ）が、ユースプログラム委員会（ＣＰＪ）▼[12]と合議をして若者政策の重点課題、施策、予算の決定を担っている。欧州評議会はこのようにして加盟国の若者の声を反映する仕組みとして共同経営構造を採用しており、若者が影響を与えて若者政策を形成し、執行している。これを可能にしているのは、欧州の多くの国で設置されている、全国若者協議会（National Youth Council）という若者の声を代弁する代表制民主主義的な枠組みの存在である。若者の業界団体であり、圧力団体であり、若者層を代弁する機能を果たし、「若者の声」の正当性を保障する枠組みとなっているのである。

後発のＥＵにおいてはやや異なる仕組みが設定された。布石となった２００１年の欧州若者白書では、共同を促進する開放型調整手法（The open method of coordination）が提唱され、加盟国間が最良の実践を共有し、合意形成を重ねて若者政策を推進してきた。その後に発布されたＥＵユース戦略（EU Youth Strategy）では「構造化された対話（structured dialogue）」を展開されることが明言された。それを引き継いだものがＥＵユース対話（Youth Dialogue）であり、この枠組みは、18か月をかけて、若者個人や若者団体の見解やニーズを表明する機会となっている。ここでの対話の内容は分析にかけられ、ＥＵユース会議（Youth Conference）で取り上げられ、ＥＵ議会で政策として採用されうる仕組みになっている。最終的には11の欧州若者ゴール（European Youth Goals）▼[13]が決定され、これに基づいて２０１８年11月に「ＥＵ若者戦略２０１９－２０２７」が採択された。戦略では、貢献（Engage）、つながり（Connect）、エンパワメント（Empower）の三つをキーワードとして掲げ、民主的生活における若者参画が理念とされた。戦略は、このようにしてＥＵ若者対話を通じてつくられたＥＵ若者ゴールを具体的に達成するマイルストーンを示し

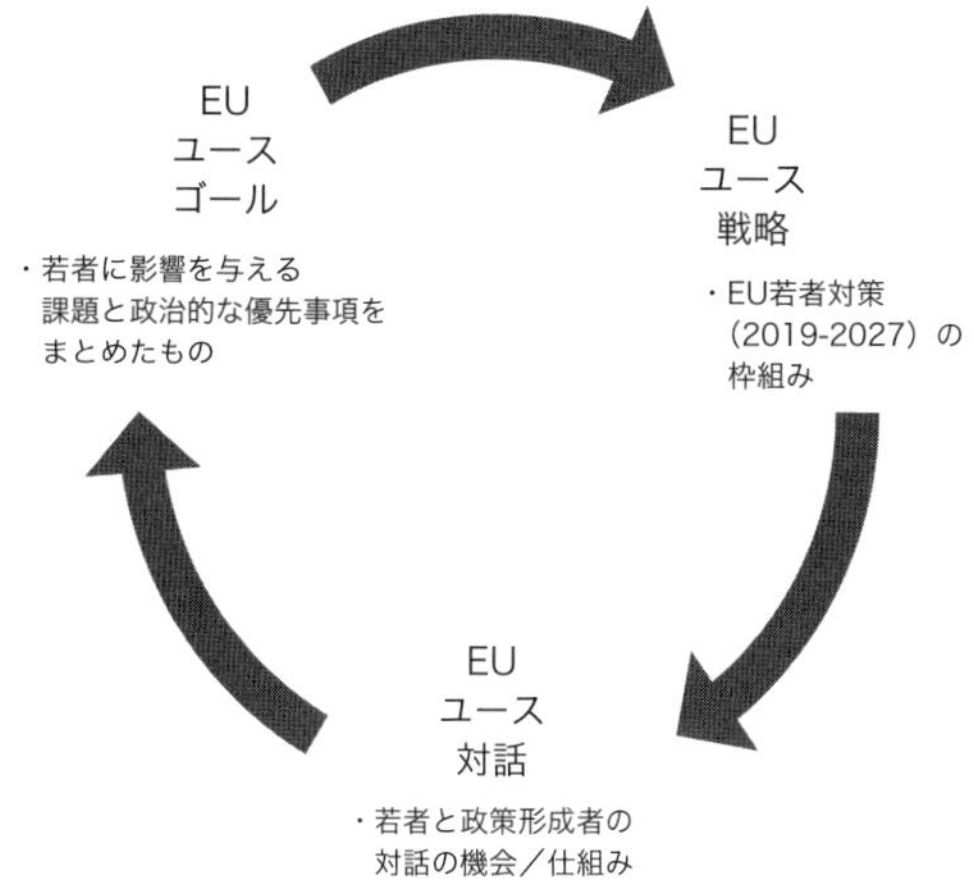

図表 9-3　若者参画を保障したEUの若者政策の構造

たものとなっているのである（図表9－3）。

そのような若者参画の政策的な枠組みは、欧州評議会やEUレベルでは機能はしていても、地域レベルでの取り組みは、欧州であっても完全ではない。Anne CrowleyとDan Moxonの2018年の調査では、汎欧州における革新的な若者参画の実践に関して、欧州の47か国から365の回答データを得た（Crowley & Moxon 2018）。調査では若者参画の類型として、「ユースカウンシル及び同類の形態」「共同経営・共同制作」「審議的参画」「ユースアクティビズム・抗議」「デジタル参画」の五つが採用▼14され、回答者には、それぞれの参画形態が基礎自治体、県、国レベルでどの程度一般的であるかについてその度合いを評価（0が最低値、10が最大値を表すケール評価）をするように求められた。調査の結果、基礎自治体レベルでは「ユースカウンシル等」が最も一般的となり、「共同経営・共同制作」「審議的参画」はすべてのレベルで実施度合いが低いことが明らかになった。県レベル、国レベルでは「ユースカウンシル等」「ユースアクティビズム・抗議」「デジタル参画」の分布が同程度であった。いずれもスケール評価で得た得点平均で最大値が5・5（国レベル、「ユースアクティビズム・抗議」）であることからも、若者参画の実践の普及度は道半ばにあるともいえる。

さらに若者参画の実践の展開に加えて「参画とは何を意味するか?」▼15という文書において以下の現在の課題が指摘されている（Pleyers & Karbach 2014）。1点目は、伝統的な形態での参画と代表制民主主義の機会を拡大することである。若者の選挙投票率、政党加入率の低下、政治や政体への不信の増幅の一方で、近年、多くの社会運動で主導的な地位にあるのが若者であるというパラドックスが起きている。だからといって投票や政党などへの伝統的な政治参加のチャンネルの間口を狭めることなく、以下に列挙する多様な民主主義の参画機会を拡充し、多様で民主的な政治参加を受け止めることの必要性が指摘されている。

・代表制民主主義（被選挙権年齢の引き下げ、ユースカウンシル、政治家を有権者に身近にすること）
・参加型民主主義（市民団体やＮＧＯに情報提供、意見表明、提言の機会を設けること）
・熟議民主主義（意思決定者との連携、政策のアウトカムに影響をもたらすこと）
・カウンターデモクラシー（社会運動や監視、非伝統的な形態）

2点目は、公共空間と私的な空間の断絶を乗り越えることである。欧州においても若者参画は政治参加に偏っており、日常生活からかけ離れたものとしての政治制度が想定される場合が多い。そのように日常生活と政治がかけ離れたものではなく、①政治参画を促すだけでなく、エンパワメントのプロセスとして参画を促すこと、②日常生活が経験に基づいた参画や実践による学び（learning by doing）の場となること、③批判的消費行動（地産地消、脱成長、連帯経済）などは既に日常生活における政治参加であり社会変革の場となっていること、④オンラインの参画も想定すること、があげられている。

3点目は、オンラインツールなどを用いた電子参画（e-participation）の視点である。それにあたっては若者に寄り添い、興味・関心を引き出し、専門的な知識や十分な時間、技術、資金などの「資力」を提供し、透明性を高め、できるだけあらゆる意思決定の過程で参画を促すことが勧められている。

ここまでの議論を整理すると、欧州の若者政策においては若者参画とは直接的もしくは間接的に意思決定に関与し、影響を与えるための権利、手段、空間、機会、支援を一人ひとりの若者および集団としての若者が手にし、社会づくりの活動や行動に関与することであるといえる。また、ヨーロッパでは伝統的には若者参画はこれまで政治分野で主であり、その中でも投票や立候補（参政権）に傾倒していた。しかし、近年は、参政権以外の政治、市民参加の機会の多様化が目指されている。加えて、そのうえで公共空間と日常生活の分断を乗り越えるために、経験や実践に基づく学びや、批判的消費行動をはじめとする日常生活に身近な参画を、エンパワメントのプロセスとして位置づけ、オンライン、電子技術を用いて、意思決定過程への参画が可能となるために、資力を投じることが求められていると言える。

7 欧州若者政策の実践主体としての「ユースワーク」

欧州の若者政策の大枠と、若者参画施策、そして若者参画の考え方や課題について整理してきたが、ここからは若者政策の実践主体であるユースワークについて論じたい。

ユースワークとは、その活動と性質の多様性から単一の定義が定まっているわけではなく、思春期以降の子ども・若者に関わる活動の総称とされている（田中 2015）。日本においては、欧米で始まったYMCAやボーイスカウト運動の影響を受ける形で、古くからある青少年教育[16]と関連を持ちながら発展してきた。近年では若年層の就労支援や居場所づくりをする各地の実践の中で「ユースワーク」をキーワードにする取り組みも広がってきた。実際に、東京都においては困難を抱えた若者へのターゲットアプローチだけでなく、若者の社会参画を促すために、あらゆる子ども若者を対象としたユニバーサルアプローチの視点に基づいたユースワークを青少年教育の手法と位置づけることが提唱されている（東京都生涯学習審議会 2021, p.21）。

欧州においては、ユースワーク（Youth Work）という言葉を使った実践の始まりはイギリスではあるものの、各地でユースワーク的な活動は主に余暇の領域で古くから展開されてきた。それまで有象無象に各地で展開されていたユースワーク実践が、汎欧州レベルで取り上げられ若者政策の実践主体としてユースワークが明確に位置づけられたのは、２００９年のことである。このあたりから若者政策とユースワークと若者研究の連携によって若者を支えるという「ユース・トライアングル」という考え方が共有されるようになっていく（図表９－４）。「マジックトライアングル」ともしばし、呼ばれるこの考え方は、さまざまな政策文書で紹介され批判もありつつも欧州の若者政策の基本的な考え方となっている（Nico 2017）。

それから、ユースワーク施策と市民社会セクターがヨーロッパにおけるユースワーク基盤の形成を目的として２０１０年より欧州ユースワーク大会が５年ごとに開催されてきた。第二回大会において、ユースワークの要素とは、「若者のための空間を創ること」と、「若者の人生に橋を架けること」であるとされた。しかし、ユースワーク概念の定義に関する議論は不十分だった。

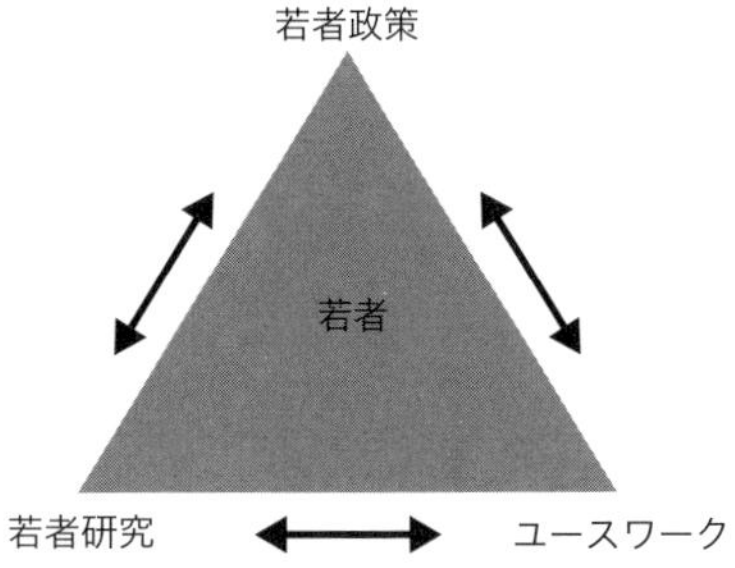

図表 9-4　欧州ユースセクターのユース・トライアングル

それを受けて作成された２０１７年の欧州評議会勧告においてユースワークの定義が明確にされた▼17。そこでは、ユースワークとは、「グループあるいは個々人での、若者による若者とともに行う若者のための社会、文化、教育、環境、政治的な性質を持つさまざまな活動をカバーする広義の用語」とされ、具体的には「有償もしくはボランティアのユースワーカーによって提供され、若者と若者の主体的な参画に焦点を当てた、若者のノンフォーマルかつインフォーマルな学びの過程に基づく」とされた。そのうえで、ユースワークを「本質的には社会実践であり、若者が生きる社会に働きかけ、若者が地域社会や意思決定に積極的に参画し包摂されることを促進する」とされた。

8 欧州ユースワークの歴史研究プロジェクト

そのような定義づけに至るまでの道のりは平坦ではなく、欧州ではこの間10年以上をかけて、定義形成のためにさまざまな検討を重ねてきた。その中の一つに欧州評議会とEUのユースパートナーシップ事業として2008年から実施されてきた欧州各地のユースワークの歴史研究プロジェクトがある。歴史研究プロジェクトが始まったのは、この時期に多くの欧州の若者団体やユースワーク組織が、組織結成の記念式典を開催したり、出版したりしていたこと、大学でユースワーク関連の博士論文が提出されるようになってきたこと、そして汎欧州レベルの若者政策の発展が起きたからとされている（Schild & Vanhee 2010, p.5）。これまで若者政策のレビューやユースワークの研修機会で、ユースワークについての意見交換をすることはあっても整理はされてこなかった。より良い若者政策を形成するにあたっては、それぞれの地域における若者やユースワークのこれまでの歴史について把握することが不可欠であるという認識に立ち、欧州のユースワーク歴史研究プロジェクトは始まった。

加えて、このプロジェクトはユースワーク分野の専門家を発掘することも意図された。各国の専門家を招いた小規模のワークショップの開催を重ね、ユースワークと若者政策の歴史についての共通認識の形成を図り、その成果は、EKCYPのWebサイトにて公表されてきた。その結果、これまで7回のワークショップを開催し、全7巻に及ぶ欧州の若者政策の歴史シリーズを刊行してきた。

9　ユースワークの二つの型——「移行」と「フォーラム」

型	移行（transit）	フォーラム（forum）
考え方	若者個人を社会に適応してもらうための教育や移行の支援	社会のあり方や方向性自体を若者と問い、議論、社会問題を定義する
性格	排他的	包摂的
社会と個人の関係	社会は個人の集合体（ゲゼルシャフト）	社会はオーガニックな共同体（ゲマインシャフト）

図表 9-5　ユースワークの二つの型：「移行」と「フォーラム」（Filip Coussée の論考[18] をもとに筆者が作成）

この歴史研究プロジェクトを牽引してきた人物の1人に、ゲント大学で教鞭《きょうべん》を執るフィリップ（Filip Coussée）博士がいる。彼はベルギーのフランダース地方のユースワークの歴史研究家でありユースワーカーである。欧州の歴史研究プロジェクトの冊子の編集委員の1人である彼をはじめとする何人かの研究者は、巻ごとに考察を執筆することになっているが、その中で、彼は欧州におけるユースワークには二つの型があることを発見した（図表9−5）。

フィリップの唱えるユースワークを構成する二つの型とは、「移行（transit）」と「フォーラム（forum）」である（Taru ほか 2014, p.128）。一つ目の「移行」は、大人社会に適応してもらうために若者に施す、教育や支援としてのユースワークの型である。若者を個人と捉え、能力開発やスキルの獲得をすることで、既存の大人社会の構成員の一員となり、役割の獲得をしてもらうことを目指す。この枠組みではユースワークは、社会の一員である大人としての役割を学ぶ移行期にある若者を支援し、社会秩序への参加を促進するものとして捉えられる。また、この枠組みでは社会は個人の集合体であり、個人の自由と権利が制限されない選択意思によって構成されるゲゼルシャフト的な社会観であるとされる。

他方の「フォーラム」の型は、若者自身が対話し合い、社会のあり方を問うことを基本とするユースワークである。移行の枠組みが唱える「社会への適応」ではなく、そもそもの社会自体のあり方について問い返しが起こり、社会問題を若者が定義し得るような対話の空間（フォーラム）を作り出すということである。若者自身が若者にとっての課題を自分たちで定めることがここで起きることである。ここにおけるユースワークの役割は、若者が、自らが置かれている社会環境や自身のあり方を批判的に捉え、どのような社会に生きたいかについて話し合う対話が生まれるように働きかけることである。社会は、個人の集合体ではなく、ゲマインシャフトとしてのオーガニックな共同体とみなされる。そのうえで、どちらの型においても、遊び、楽しさ、自発的結社活動（アソシエーション）、レクリエーションは、ユースワーク活動を効果的にまた魅力的にするものであるとしている（Taruほか 2014, p.128）。

フィリップはこの二つの型は、第2回欧州ユースワーク大会宣言に出てくる「若者のための空間を創ること」と「若者の人生に橋を架けること」と相似する考え方だとしている。彼によると移行型は「若い人たちが良い市民になるために、どのような方法で生計を立てるのか、お金を稼ぐのか、良い社会、良い暮らしといった、ほとんどの学校で行われている市民性を育む教育のようなものであり、いかに社会に溶け込むかを重視する」という。他方のフォーラム型は「積極的な市民権の行使という観点から、どうやったらよりよい社会になるかを考え、社会の今のあり方に疑問を投げかけていく」としている。そのうえで、政策との関連でいうと社会的に排除層を包摂する移行型のユースワークの方が重視される傾向にあり、フォーラム型のユースワークで一緒に活動する若者はすでに社会に溶け込んでいる若者の場合が多いという▼19。

この移行型とフォーラム型のユースワークの議論は、何も最近になって取り上げられるようになったわけでなく100年前から起きている。ユースワークの一つの起源とされるロバート・ベーデン＝パウエルのボーイスカウト（英国で1908年に創設）は、青少年を良き市民に育てるという移行型のユースワークを採用していた。パウエルは、スカウト運動が世界的な広がりを見せていく中で、ベルギーのフランドル地方で青年キリスト教労働連盟[20]を創立したジョセフ・カルデン神父にフランダース地方のチーフスカウトにならないかと尋ねた。これに対してカルデン神父は、スカウト活動を肯定しつつも、自身がやりたいユースワークは、遊びのためのユースワークではなく、若者の生活状況や労働環境の改善を求めるユースワークであると回答し、自らの立場を明らかにしたという。当時、フランダース地方の多くの青年組織は、パウエルのスカウト由来の青少年団体であっても、民主化の影響を受け、移行型だけでなくフォーラム型が意識されるようになっていた。その後、2人は1912年にロンドンで会い、ユースワークについて論じ合いパウエルは移行型を、カルデン神父はフォーラム型を主張したという[21]。

10 東欧社会にみるユースワークと民主主義

フィリップはこのようなユースワークの二つの型を踏まえ、ユースワークは民主主義社会に不可欠であることを主張している。そのロジックを、歴史研究プロジェクトで明らかになった東欧におけるユースワークの歴史を参照しながら説いている。そこでは、権威主義国家と民主主義国家におけるユースワークを対比し、権威主義国家においてはフォーラム型のユースワークは抑圧され、代わりに移行型のユースワークが補強されるとしている

写真 9-5　ルーマニアのバイヤマーレ地方のウクライナ難民支援施設にて

（Taru ほか 2014, p.131）。

筆者は2023年2月に国立青少年教育振興機構の国際調査でルーマニアとハンガリーを訪問し、東欧諸国における若者政策とユースワークの実態を調査する機会をいただいた（写真9－5）。

そこで明らかになったのは、東欧においては若者政策とユースワークは西欧や北欧と比べて発展途上にあったことだ。どちらの国も1990年代初期まで共産主義圏であり、民主主義の歴史が浅いことも（今日的な欧州における）ユースワークの発展に影響を与えていた。例えば、ルーマニアの若者政策は、若者法（2006）によって規定されており、国レベルのユースカウンシルを規定する法律も存在し、若者政策の管轄省庁も存在する。ユースワークは職業基準▼[22]としては明確化がされていて、認証のための国による研修制度なども存在する。NGOセクターは、ルーマニア国内でユースワークに関する全国大会の三度の開催を主導してきたり、ウクライナ難民支援の際には迅速に多様な連携が展開されたりしてきた。ただし、自治体によるNGOセクターへの資源投入は地域差があり、多くのNGOが資金調達のほとんどを寄付とEUのユースワーク関連の助成金に依存せざるを得ない状況であった。それゆえに、ユースワークの社会的な認知度は決して高いとは言えず、ユースワーカーのキャリアパスが安定しないという問題を抱えていた。それは、ユースワーク施策に十分にリソースを割くことを、政府・行政機関がコミットできていないこと、行政機関自体の不透明性や汚職などに起因するという。

ハンガリーもルーマニアと近しい状況であったが、異なる経緯をたどってきた。若者政策（2009-2014）は、かつては存在したが後継はなく、国が主催するユースワークの養成課程も断片化してしまった。国レベルのユースカウンシルは存在するも、学生団体が中心で、影響力は限定的だ。このような変化は、2010年から再選を果たしたオルバーン政権下で保守的な強権政治が執行されるようになってからという。ハンガリーが歴史的に持っていた領土を回復することを目的とした「大ハンガリー主義」を支持する政治的イデオロギーが、若者政策とユースワークの縮小に拍車をかけていた。かつては発展途上にあった若者政策も、全体としては後退し、若者法や省庁があるルーマニアの状況をうらやむ関係者が多かった。

ルーマニアのユースワークの歴史的な変遷をたどると、権威主義国家下におけるユースワークが移行型とフォーラム型の間で揺らいできたことが垣間見える（Taru ほか 2014, p.131）。王政独裁下にあった1930年代後半ルーマニアでは、スカウト運動は政府が統制する若者団体である「Youth Guard」に改編された。若者への余暇活動の提供を掲げながらも実態としては、社会奉仕活動、農村振興の意味合いが強かった。共産主義政権下の1947年から1989年までの時期は、若者の活動は国家によって組織されていたため、「社会主義祖国を築くこと」が若者の役割とされた。この時期に「ユースヤード」というワークキャンプやユースセンターが設置され、ユースワーク現場では、労働、規律、責任感、相互扶助が重視され、市民意識や主体性は促進されなかった。ユースセンターも国家の管理下にありイデオロギーが強く出ていたために、若者たちからの支持は得られなかった。1991年に民主主義が確立した後、多数の若者団体が創設されたが、政府からの支援は限定的だったために、これらの団体の多くは持続性を欠いた。このように、ルーマニアでは独裁政権がユースワークを厳しく制限し「移行」の役割しか与えなかったことで、フォーラム型の若者参画や、ユースワークが薄まってしまった。共産主義国家崩壊後、20世紀後半に民主主義国家が建設された後になって、「フォーラム」型の民主化されたユースワークが展開されるようになった（Taru ほか 2014, p.131）。

ハンガリーもルーマニア同様、ユースワークが政府方針に振り回される歴史をたどってきた。民主的な時期には、ユースワークも特定の主義主張に傾倒せず、より幅広い価値観や多様な活動を展開していた。しかし、独裁主義的な時代や、強権的な保守政権下においては、政府方針に従わなかった場合に、ユースワーク活動は制限を受けるようになった（Taru ほか 2014, p.131）。

他の欧州の地域と比較した時の東欧諸国におけるユースワークの特徴について現地のユースワーカーに尋ねると、アクティブ・シティズンシップや若者参画を重視すると語るユースワーカーがいた。その理由を「今の若者はかつての共産主義時代を知らないから」としていたことも、民主的なユースワークが制限されてきた過去を持つ、このエリア特有の事情が影響しているのだろう。

11　「民主主義の危機」の時代の若者政策とユースワーク

東欧諸国の事例からわかることは、ユースワークの脆弱性の一側面といえよう。政権や政治的イデオロギーによっていとも容易く変わりうるリスクと、ユースワークは常に隣り合わせにあるのである。欧州評議会が戦後半世紀にわたって人権、民主主義、法治主義の理念を掲げ、若者政策でフォーラム型の若者参画施策とユースワークを強調してきたのは、若者の移行型支援だけでは、この理念を達成できないからであると理解することができる。

２０２１年１月のドナルド・トランプ大統領支持者による５人が死亡したアメリカ議会襲撃事件は世界に衝撃を持って伝えられた。スウェーデン・ストックホルムに拠点を構えるＩＤＥＡはその状況を鑑み「民主主義の世界的状況」(2021) の報告書で、初めてアメリカを「民主主義が後退している国」に分類した。同調査によると、世界では過去10年で民主主義「後退国」は2倍に増え、２０２０年には「権威主義」に傾いた国の数が民主的な国の数を上回ったとされ、この傾向は２０２１年も続くと予想している。日本や欧米などのグローバル・ノースにおける極端主義の台頭や、ロシアによるウクライナ侵攻もまたこのような世界情勢の流れの中にある。

そのような「民主主義の危機」の時代において問うべきは、何のためのユースワークであり、何のための若者政策なのかという視点ではないだろうか。

スウェーデンでは若者政策、公教育、ユースワークも「民主主義」で説明される。学校教育は「民主主義を教える使命を担う」ことが明確であり、余暇の時間でのユースワーク活動も、ユースセンターへの来訪以上に自発的結社である若者団体での活動が重視される。若者政策では若者団体の活動への助成金を多く分配している。そのような方針をとるのは、スウェーデンの若者政策の目標が「若者の社会的影響力を高める」からであり、フォーラム型と移行型のユースワークによって、若者の自律を支援しながら、若者が若者の手によって社会の問題を定義し民主的に活動を実践する場として若者団体を社会的に位置づけ、「若者による民主主義」を目指しているからである（両角 2021）。もちろんその土台には、生活保障、教育機会の均等、余暇の充実を手厚く支援する若者の移行期を保障する若者政策が敷かれている。

12　日本の若者参画施策への示唆

最後に、以上の欧州における若者参画、ユースワークの考え方や事例にみる日本の子ども・若者施策への示唆について論じる。

(一)「子ども化」する子ども・若者政策

まずあげられるのは子ども・若者政策が「子ども化」したという点である。こども基本法における「こども」は「心身の発達の過程にある者」という定義に留まり、18歳未満と定めなかった点において「若者」を含む余地を残したとされる。この点においては、日本は子どもと若者の境界を明確に定めないで「子ども・若者施策」の国である点は従来と変わらない。欧州の若者政策レビュープロジェクトの考察によれば、子どもと若者の境界を明確に定めないことには良し悪しがあるという。子ども施策と若者施策の継ぎ目のない移行を可能とする利点がある一方で、負の側面としては「若者」よりも「子ども」を対象とした施策への傾倒の可能性が高まるという点である（Wiliamson 2002, pp.31-32)。実際に国内の一部地方自治体では、条例の対象を18歳までに限定するなどしている。また、年齢を定めてはいないが内容的には未成年を前提にした条例が多い。若者政策が強い施策基盤を確立し影響力を持つ前に、子ども施策が確立したことで、日本の若者施策は子ども施策に埋没化したと言えないだろうか。若者政策の「若者」を15歳から29歳と定め、数々の参画施策を打ち出している欧州の視点からすれば、これまでの日本の国レベルの「こども」の意見表明機会の様子やホームページの文言、発せられるメッセージなどをみるに、施策の実態としては「子ども化」していると言わざるを得ない。子ども施策を充実しながらも、「若者とは自立を目標としつつ、社会的支援の対象でもある」（宮本 2018, p.37）という認識に立って若者政策もまた同じように位置づけ直し、人生前半期を手厚く保障していくことが今後の子ども・若者政策に求められる。

(2) フォーラム型よりも移行型に傾倒した日本のユースワーク

第二は、これまでの日本における若者政策やユースワークは、不確実性の時代を生き抜く若者を支える「移行型支援」の要素が強く、フォーラム型の「若者参画」の要素が弱かったのではないかという点である。２００９年に子ども・若者育成支援推進法が成立し、同法に基づいて２０１０年に発布された子ども・若者ビジョンではこれまでの既存の「大人社会の在り方の見直し」が盛り込まれるなど、包摂的な文言が盛り込まれた時期もあった。しかし、この間の国レベルでの若者の参画施策は、ボランティア活動や体験活動、主権者教育などの「社会参画意識を育む教育」が主であり、若者の「社会化」の文脈、つまり移行型の側面が強かったことが、本校で論じた欧州の枠組みから指摘できる。

もちろんこれまでも国レベルでも若者の参画施策は実施されてきた。例えば、内閣府は青少年の意見聴取事業としてユース特命報告委員や、ユース政策モニターを実施し、委員構成も配慮するとされてきた。しかし、ここまでみてきたように欧州では、欧州評議会の「共同経営」やＥＵのユース会議、欧州若者ゴールなどのように、若者と関係者が若者政策の決定過程を共有できる仕組みが構造的に組み込まれているのである。こども家庭庁においては「こども若者★いけんぷらす」という形で、政策に対する意見表明機会が整えられたが、それ自体は重要でありつつも、ユース特命報告委員／ユース政策モニター時代に実施されていた直接対話の機会である「ユース・ラウンド・テーブル」の大枠を継承したままでは、若者参画施策の前進とはいえない。欧州のように、若者政策の意思決定の場を共有する仕組みを構造的に組み込むこと、若者世代の代弁組織としてユースカウンシル等の組織体や機会を若者政策で公的に位置づけること、各地の若者団体の持続性を担保するために支援を手厚くしていくことが求められる（両角 2022）。

（3）民主主義と若者政策

日本が民主国家を標榜するなら、日本の若者政策とユースワークもまた、民主主義とは不可分のはずである。そうであるなら、移行型のみならず、フォーラム型のユースワークである若者参画がもっと各地で花開いてよいはずである。かといって移行型のユースワークがもっと少なくなるべしというのは、子ども若者の移行期の課題が顕在化している今日の状況を鑑みるに無理がある。移行型もフォーラム型もどちらも不可欠であるといえるし、ユースワークの現場レベルでは一方の型がもう一方の型の中に埋め込まれて、入れ子構造となって活動が展開されていることは容易に想像がつく。

このような移行型とフォーラム型のユースワークをバランスよく展開してきた一例に兵庫県尼崎市の若者施策があげられる。ユース交流センターは地域の中高生の余暇活動の場となり、若者世代の声を集約し市政に伝えるUp to You! は若者参画のフォーラムとして機能している。実際に市長と直接対話する機会を持ち、スケートボードパーク設置の提言などをこれまでに行ってきた。さらに、若者のやりたい活動に年間10万円を上限に補助金をつける子ども・若者応援補助金事業も２０２３年４月から開始している。尼崎市がこのように欧州に引けを取らない若者施策を展開可能にしてきたのは、尼崎市自体が住民自治を古くから大事にしてきた歴史があるからだという点にも納得がいく。もともと民主主義や自治が根づいていたまちとユースワークが出会い、若者のまちをつくりあげた。

世界の民主主義が揺らぐ時代に、民主主義を語る若者政策とユースワークが広がることを期待する。

注――

1　欧州評議会は１９４９年に人権、民主主義、法治主義を理念に掲げてフランスのストラスブールに設置された。当初は、冷戦下の影響もあり西側諸国によってしか構成されていなかった。１９８９年の共産主義国家の崩壊以降は、東側諸国が加盟し、これまで最大で47か国が加盟していた。他方の１９９３年に設立されたＥＵは、加盟国数は27か国と少ないが、欧州連合条約に基づいた政治・経済の統合体であるゆえに、独自の議会や行政機関を有し、徴税権も持つある種の連合国家体である。そのためにＥＵで定められた条約や政策は加盟国に対して強い拘束力を持つ。対して欧州評議会の施策にはそのような強い拘束力がなく、勧告や規約へのコミットメントは任意となっている。言い換えれば、欧州評議会は広く緩い理念的なネットワークであり、ＥＵは狭くも実行力の高い連合国家体である。詳細は以下文献 第2章を参照のこと。大山宏・両角達平（2020）「欧州・スウェーデンのユースワークにみる若者の社会参加」JCNC Report 1、ＮＰＯ法人日本子どもＮＰＯセンター　https://npocandy.wpx.jp/jcnc-report/

2　津富宏・土肥潤也訳（2016）「意見をもとう！――『地方・地域生活への若者参加に関する欧州憲章（改正版）』の手引き」『国際関係・比較文化研究』15巻1号、pp.177-205

3　いわゆる全国レベルの若者協議会（National Youth Council）のことである。

4　津富宏・両角達平（2014）「欧州委員会白書『欧州の若者のための新たな一押し』」『国際関係・比較文化研究』13巻1号、pp.191-217

5　Lauritzen, Peter (1993): Youth Policy structures in Eu- rope, including 8 indicators for a national youth policy. In: Ohana, Y. & Rothemund, A. (2008): *Eggs in a Pan*. Online available at http://www.coe.int/t/dg4/youth/ Source/Resources/Publications/ Peter_Lauritzen_book_ en.pdf

6　Burrowes, Anthony, Catalina Dumbravenu, Valentin Dupouey, Alexandar Ivanov, Karlo Kralj, Lotte Schipper, Sebastian Vogt and Lucille Rieux. *A Toolkit on Quality Standards for Youth Policy*, 2017. https://www.youthforum.org/news/toolkit-on-quality-standards-for-youth-policy.

7　https://pjp-eu.coe.int/en/web/youth-partnership/glossary

8　しばしyouth participation into societyやyouth social participationと英語で表記された論文が散見されるが、欧州の若者政策においては「若者の社会参加」はyouth participationと端的に示されることが多い。

9　和訳参照：「意見をもとう！――『地方・地域生活への若者参加に関する欧州憲章（改正版）』の手引き」『国際関係・比較文化研究』15巻1号、pp.177-205　https://u-shizuoka-ken.repo.nii.ac.jp/index.php?active_action=repository_view_main_item_detail&page_id=13&block_id=21&item_id=4393&item_no=1

10　Meet the AC https://www.coe.int/en/web/youth/meet-the-ac#{%2235777127%22:[3]}

11　European Youth Forum https://www.coe.int/en/web/youth/european-youth-forum

12　ユースプログラム委員会は（CPJ）は、CDEJからの8人の政府代表、CCJからの8人の非政府代表から構成されている。

13　European Youth Goals | European Youth Portal https://youth.europa.eu/strategy/european-youth-goals_en

14　調査者らによるとこの五つの類型は次の研究を基にし、調査目的に則りその中から「投票」を除いたものとした。Gretschel A., Levamo T.M., Kiilakoski T., Laine S., Mäntylä N. Pleyers G. Raisio H. (2014) *Youth Participation Good Practices in Different Forms of Regional and Local Democracy*. Finnish Youth Research Network.

15　この文書は、ロンドン経済学院（LSE）と欧州委員会の共同調査である"Youth in Democratic Life"、フィンランドの調査"Youth Participation Good Practice in Different Forms of Regional and Local Democracy"（Gretschel,A.et.al.）"，Between endangered integration and political Disillusion"（Willems, Heinen, & Meyers, 2012）,Flash Eurobarometer 375 (2013) European Youth: Participation in democratic lifeなどの論文と著者の関わるいくつかのプロジェクトの実践などの見地から書かれたものであり、ヨーロッパの「若者参画」についての示唆深い論考である。

16　家庭教育と学校教育を除いた、子ども・若者を対象にした社会教育のこと。

17 両角達平・津富宏「『ユースワーク――欧州評議会・閣僚委員会により２０１７年５月31日に採択された勧告CM/Rec（2017）４及びその説明のための覚書』（翻訳）」『国際関係・比較文化研究』20巻1号、pp.171-196

18 Taru, Marti, Howard Williamson, Filip Coussée. Youth work in connection to policies and politics. *The History of Youth Work in Europe, Volume4 - Relevance for Today's Youth Work Policy,* 4:126?35. Strasbourg, FRA: Council of Europe Publishing, 2014.

19 ２０２２年２月Filip Coussée へのインタビュー録より

20 Jeunesse Ouvrière Chrétienne（略称ＪＯＣ）、１９２５年創立

21 ２０２２年２月Filip Coussée へのインタビュー録より

22 職業基準（Occupational Standard）とは、特定の職種に必要な知識、スキル、能力、職務内容などを明確に定義し、職務を遂行するための要件を記述。職務の適性の判断、採用や人材開発の場面で使用される。一般的に業界団体や職業訓練機関、政府機関などが作成し、公開されることが多い。

引用・参考文献――――

Bacalso, C., & Alex, F.(2016). Youth policies from around the world: International practices and country examples(No. 1). Youth Policy Press.

Crowley, A., & Moxon, D.(2018). New and innovative forms of youth participation in decision-making processes. 67.

Denstad, F. Y., Youth Partnership(Organization), & Council of Europe.(2009). Youth policy manual: How to develop a national youth strategy. Council of Europe Publishing.

European Youth: Participation in Democratic Life.(2013). European Commission, Directorate-General for Education and Culture. http://ec.europa.eu/public_opinion/flash/fl_375_en.pdf

International Institute for Democracy and Electoral Assistance(International IDEA).(2021). The Global State of Democracy 2021: Building resilience in a pandemic era. International Institute for Democracy and Electoral Assistance(International IDEA). https://doi.org/10.31752/idea.2021.91

Nico, M.(2017). Triangles and Pyramids, or something like that, Analytical Paper Youth Partnership, em http://pjp-eu.coe.int/documents/1017981/9907025/Triangles+and+Pyramids+-+Analysis+of+Applicants+Responses.pdf/da8f9c63-3830-f13a-0611-

70f18e835d7d. https://ciencia.iscte-iul.pt/publications/triangles-and-pyramids-or-something-like-that-analytical-paper-youth-partnership-em-httppjp/40291

Pleyers, G., & Karbach, N.(2014). Analytical paper on Youth Participation. What do we mean by "participation"?(UCL-Université Catholique de Louvain). Article UCL-Université Catholique de Louvain. https://dial.uclouvain.be/pr/boreal/object/boreal:146070

Schild, H., & Vanhee, J.(2010). The interesting histories of European youth work and policy. G. Verschelden, F. Coussée, T. V. de Walle, & H. Williamson, The history of youth work in Europe. 1(Repr). Council of Europe.

Taru, M., Williamson, H., & Coussée, F.(2014). Youth work in connection to policies and politics. The History of Youth Work in Europe, Volume 4-Relevance for Today's Youth Work Policy(pp. 126-135). Council of Europe Publishing.

Wiliamson, H.(2002). Supporting young people on Europe: Principles, policy and practice: the Council of Europe international reviews of national youth policy 1997-2001-a synthesis report. Council of Europe.

宮本みち子（2018）「成年年齢引き下げの意味を考える――若者政策の観点から」『法律のひろば』2018.10, pp.31-38

田中治彦（2015）『ユースワーク・青少年教育の歴史』東洋館出版社

東京都生涯学習審議会（2021）「東京都における今後の青少年教育振興の在り方について――ユニバーサル・アプローチの視点から」『第11期東京都生涯学習審議会建議について』https://www.kyoiku.metro.tokyo.lg.jp/press/press_release/2021/release20210924_01.html

両角達平（2021）『若者からはじまる民主主義』萌文社

両角達平（2022）「子ども・若者の社会参画施策の今と課題――参画の促進から影響力の発揮へ」『学術の動向』27巻6号、pp.36-39

第10章

子ども政策と若者政策の連続性と固有性

こども基本法と子ども・若者育成支援推進法

野村武司

1 「こども」と若者

2023年4月に施行されたこども基本法は、同時に制定されたこども家庭庁設置法とともに、子どもを「こども」と表記し、「心身の発達の過程にある者」と定義している。「こども」の表記について、閣議決定（2021年12月21日「こども政策の新たな推進体制に関する基本方針」）では、「大人として円滑な社会生活を送ることができるようになるまでの成長の過程にある者」とした上で、「法令において年少者や若年者を表すものとして「子ども」「児童」「青少年」といった語が使われているが、その定義や対象年齢は各法令により様々であり、また、特段の定義が法令上なされていないものもある。こうしたことを踏まえ、また、当事者であるこどもにとってわかりやすく示すという観点から、ここでは、「こども」の表記を用いる」としている。

「こども」という表記が新たに用いるのにふさわしいような説明であるが、正確ではない。「こども」の表記は、1948年に制定された国民の祝日に関する法律第2条に定めのある「こどもの日」で用いられているもので、用語の中で内包・外延ともに最も曖昧な概念である。子どもの表記については、法律上、「子」が使われる他、「子ども」に対応する表記としては、古くは、「子女」が使われていた。その後、「子供」が使用され、「子ども」の表記も用いられるようになっている。こうした傾向について、意外かもしれないが、最高裁は敏感であったといえる。最高裁は、条文表記ではなく、子どもを指すときの表記として、「子女」「子供」の表記を使っていたが、昭和51（1976）年5月21日のいわゆる旭川学テ大法廷判決（昭和43（あ）1614、刑集 第30巻5号615頁）において、「子ども」の表記を採用している。教育裁判において、子どもの発達科学である教育学の用語法によったものと指摘されることもあるが、いずれにせよ、画期的なことであった。

ところで、子どもを表す用語として、「児童」があり、政府が、「児童の権利条約」との訳語にこだわってきた（いる）ことは知られているが、「児童」は、児童福祉法では18歳未満の者を指すが、学校教育法制上は小学生を指し、当の子どもにとっては最もわかりにくい用語法である。そうしたことから、政府も、「本条約についての教育指導に当たっては、『児童』のみならず『子ども』という語を適宜使用することも考えられること」（文初高第149号平成6年5月20日）との通知を出すに至っている。

いずれにせよ、子どもは、「子ども」との表記にすることが時代の要請としても極めて自然であるにもかかわらず、前記のような説明の下、「こども」にしたことはある種のイデオロギーとみることもできるが、むしろ、18歳未満の子どもと連続的に課題を共通にする「若者」をここに含ませたからと解釈しておく方がよい。こども基本法と同時に施行されたこども家庭庁設置法は、同庁の所掌として、「子ども・若者育成支援推進法（平成二十一年法律第七十一号）第8条第1項に規定する子ども・若者育成支援推進大綱の作成及び推進に関すること」（第4条第1項第20号）を挙げ、同法を所管するとともに、こども基本法附則第6条で、子ども・若者育成支援推進本部を廃止し、政府に統合するとともに、「子ども・若者育成支援推進大綱」をこども基本法第9条第1項所定の「こども大綱」に統合した。「こども」を年齢によって定義しなかったことの理由は、「若者」を含んだ制度設計を根拠としており、「こども」は「若者」を含む概念として立てられたものと解釈しておくべきであろう▼1。

2 「若者問題」の子どもの問題との連続性と固有性

(1) 子どもの問題の延長としての若者問題

以上の通り、子どもの問題は、こども家庭庁の所管となり、「若者」の問題は、「子ども」の問題と切り離すことなく、一連または一体の「こども」の問題として扱われることになったといってよい。

従前のしくみにおいても、例えば、児童養護施設等に入所している子ども（児童）について、子ども期を終えたとしても（したがって若者期に入ったとしても）、20歳になるまで措置延長（児福法第31条第2項）が認められる他、平成28（2016）年の児童福祉法の改正で、自立援助ホーム（児童自立生活援助事業）で支援を受けている者について、大学等に就学している場合には、22歳の年度末まで延長が可能になっている（児福法6条の3第1項）。また、平成29（2017）年からは、（法律によらず）要綱で、社会的養護自立支援事業が開始されており、社会的養護を受けていた者について、継続的な支援が適当な場合、やはり22歳の年度末まで、居住支援の他必要な自立支援事業が実施されることになっており、令和4（2022）年の要綱改正では、就労支援について、相談に対する助言だけではなく、「公共職業安定所等の就労支援機関への同行支援など、支援の対象者のニーズに応じた適切な支援」が追記されている。そして、令和6（2024）年に施行される令和4年の児童福祉法改正では、22歳という年齢要件について撤廃し、都道府県知事が認めた時点まで児童自立生活援助の実施を可能にするとともに、大学等に在学していなければならない等の要件を緩和することになった。

(2) 子ども期の問題と若者問題への対応

こうした法政策上の対応は、いわば、子ども期の課題が、例えば、いわゆるケアリーバーの問題などにみられるように、子ども期で解消されずその後に引き続くことが社会問題化する中で、子ども期の支援をその後にも及ぼそうとするものである。

やや大雑把に言うと、元来、子どもに対する支援は、母子保健法制に始まり、子どもの医療・保健制度とともに、児童福祉法、子ども・子育て支援法制が重なり合う中で就学前の子どもをカバーしつつ、就学後は、学校教育法制が児童福祉法制とともに子どもの支援を行うこととなっている。子どもの年齢が低いほど、子育て(親支援)を含めたさまざまな子どもへの支援のしくみが用意され、子どもが義務教育を終えると支援のしくみは少なくなる。子どもの成長とともに課題は解決され支援の必要性はなくなっていくという制度設計であり、義務教育を終えると子どもは地域の公立学校から、都道府県立の公立学校、私立学校、就職へと生活圏を広げることとなり、市区町村は、権限とともにこの年代の子どもたちへの関わりが少なくなっていく(把握できなくなっていく)。

こうした制度設計上の思想は、基本的には都道府県の機関である児童相談所を中心としたしくみにも影響を与えている。児童相談所と市区町村は、基本的には自治体のレベル(広域自治体と基礎自治体)をまたぐもので[2]、権限も異なり、(自治体としては対等であるとの建前であるが)事実上の上下関係のような文化が醸成されやすく、元来ギクシャクしたものであった。こうした中、子ども虐待の問題への総合的対策の必要から、平成16(2004)年の児童福祉法の改正で法定化された要保護児童対策地域協議会(要対協)の設置以降、市区町村の調整機関の役割を高めていく政策の中で連携をスムースなものにしようとした。しかし、義務教育を終えた世代の子どもについては、市区町村は苦手な分野であり、その結果、前述の社会的養護を受けている年齢の高い子どもについて、児童相談所を中心とした都道府県の役割が相対的に高まることになる。しかし、児童相談所には強い権限と高い専門性がある一方で、実際の支援は、民間の施設を頼りにしているというところもあり、「出口」という社会と直結した問題に対して、その支援は力不足であり、年齢の低い子どもであれば頼りにできた市区町村の力を借りることができず、その結果、子どもの問題の解決がなされず、これが先送りされる形で若者の問題となっていった。

こうして子ども期の問題が先送りされた若者問題は、特に年齢の高い子どもの支援の難しさを表しているともいえるが、これを児童福祉法という法律の論理または枠組み（法律縦割り）で継いでいくという方法は、すでに社会的養護という支援の枠組みにつながっている子どもとその後を対象とするものであり、子ども期にこうした支援の枠組みにつながっていない若者に届くしくみにはならない宿命を持っている。

（3）若者問題の固有性とこども施策

ところで、若者問題といった場合、以上のような子ども期の影響があるとはいえ、子ども期から引き継がれた問題だけを意味するものではない。また、成人への移行期の問題でもあり、成人一般の問題とも異なる問題として意識しておく必要がある。

中等教育時期を終えたこの時期は、それまで子ども支援の中核を担っている市区町村、さらに都道府県の公的支援も手薄であり、家庭の養育機能に期待できなければ、ドロップアウトする危険性を常に有している。そして、この時期の発達課題を果たすことのできない若者が集合的に存在するようになり、社会において標準とされる生活水準を獲得することが困難で、暮らしが成り立たず、また安定した社会関係を保つこともできない若者が増加することとなった▼3。しかも、内閣府の調査によれば、7年以上の引きこもりの割合が増加しており、そうした若者において、これが長期化する傾向も見られる▼4。

こうした若者は、アンダークラス（不安定な雇用、際立つ低賃金、結婚・家族形成の困難という特徴を持つ一群）に属しており、就業と失業を繰り返すだけではなく、そもそも無業の者もいる。こうした状態に歯止めをかけるためには、若者の生活保障という理念を立て、「経済・非経済の両面で人としてあるべき質量を兼ね備えた生活水準を担保する」必要がある▼5。いずれにせよ、若者問題の固有性は意識しておくべきで、若者を「こども」の中に含めて対応しようとすることで、若者問題を、子ども期から引き続く「こどもの問題」としてのみ捉え、若者固有の問題を埋没させてしまうようであってはならない。

3　若者問題と子ども・若者育成支援推進法

（1）子ども・若者育成支援推進法の制定

２００９年に制定された、子ども・若者育成支援推進法（以下、「子若法」という）は、子どもと併記した形ではあるが、「若者」を子どもと明示的に切り離して規定した法律である。それまで、青少年▼6という用語はあったが、一応、子どもとは区別された「若者」という用語法は初めてであり、少なくとも「若者」固有の問題が存在していることを意識させるものとなった。ただし、法律は若者について定義しておらず、同法8条に基づく「子ども・若者育成支援推進大綱」で、「思春期、青年期（おおむね18歳からおおむね30歳未満まで）の者。施策によっては、ポスト青年期の者（青年期を過ぎ、大学等において社会の各分野を支え、発展させていく資質・能力を養う努力を続けている者や円滑な社会生活を営む上で困難を有する、40歳未満の者）も対象とする」とし、思春期の者について、「子供、若者それぞれに該当する」として子どもとの重なりはあるが、一応、子どもとは区別された概念として使われている。

子若法は、「教育、福祉、雇用等の関連分野における子ども・若者育成支援施策の総合的推進と、ニートやひきこもり等困難を抱える若者への支援を行うための地域ネットワークづくりの推進を図ることの二つを主な目的」とするとされている▼7。法律制定時の直近の平成20（2008）年の統計において、15〜34歳の年無業者（いわゆるニート）は64万人、39歳まで広げると84万人とされており（平成20年総務省「労働力調査」）、長期間にわたって自宅に引きこもり社会参加しない（できない）状態が続いている「引きこもり」については、約32万世帯（平成16年厚生労働科学研究「こころの健康についての疫学調査に関する研究」）、さらに、ニートやひきこもりは中学校不登校、高校中退の経験者が多いと言われており（平成19年厚生労働省「ニートの状態にある若年者の実態及び支援策に関する調査研究」）、中学校不登校は約35人に1人、高校中退者は約48人に1人（平成19年文部科学省調べ）に上るとの認識が示され、主要な立法事実となっている。

こうした状況に対して、これまで、青少年健全育成施策として、青少年育成推進本部（平成15年6月10日閣議決定）の下、二次にわたる青少年育成施策大綱（平成15年、20年）の策定等を通じて、施策は実施されてきた。例えば、「厚生労働省ではニート状態にある若者の職業的自立を図ることを目的として、キャリア・コンサルティング、就職支援セミナー、職場体験等の支援を行うとともに、地域若者サポートステーションといった、実施団体の機能のみでは自立実現が困難と考えられる場合に他の専門機関と連携し、支援を提供するネットワークを構築するという取組み」を展開してきたとされている。いずれにせよ、特にニート等、社会生活に困難を有する者への支援施策は重要課題として意識され、子若法の成立に至っている（その後、２０１３年には、生活困窮者自立支援法が制定された）▼8。

（2）子若法が定める若者支援施策

子若法は、子ども・若者育成支援の基本理念を示した上で（第2条）、自治体に、国が定める子ども・若者育成支援推進大綱（第8条）に基づいて、子ども・若者育成支援計画を定めることを努力義務として求め（第9条）、子ども・若者育成支援施策を、連携・理解と協力の下、総合的な取り組みとして行うことを求めている（第7条）。教育、福祉、保健、医療、矯正、更生保護、雇用等の分野について、民間組織を含んだ支援が期待されているのは一つの特徴といえるが、総じて、①相談、助言または指導、②医療及び療養支援、③生活環境改善、④就学または就業支援、⑤知識技能の修得支援、⑥その他社会生活を円滑に営むための援助がメニューとして掲げられるにとどまっており（第15条）、具体的な権限を根拠づける規定はない。ただし、政府に必要な法制上または財政上の措置等を義務づけており（第5条）、政府は、この規定を根拠として、既存のものも含め、関係省庁が、各種助成を開始している。若者支援施策は、年齢の高い子どもには必ずしも十分ではない子どもに関する諸法律と、成人に対する施策を定めた諸法律を根拠とした施策、そして、関係分野の各種助成を組み合わせて実施することとなる。

また、子ども・若者育成支援推進法は推進体制についても規定している。自治体には、子ども・若者支援地域支援協議会の設置が努力義務とされ（第19条）、これを設置した場合には、子ども・若者支援調整機関の設置が予定されている（第21条）。内閣府は、「とりわけ、ニートやひきこもり等に対して関係機関が現場レベルにおいてより一層連携して支援する地域協議会の仕組みが定められたことが特色となっている。」▼9としており、このしくみへの期待が高い。また、自治体は、子ども・若者総合相談センターという子ども・若者への総合支援拠点の設置も努力義務としてではあるが、その設置が求められている（第13条）。

4 若者施策と地方自治

(1) 二つの縦割りということ

わが国の法制度では、こども施策に限らず、人を支援する施策について、国の個別の法律が根拠となっている。法律は、必ずいずれかの省庁が所管し、こども施策については、これまでは、いろいろな省庁がこれを所管していたが、こども家庭庁の設置により、文部科学省が今後も所管するとされた教育分野を除いて、おおむねこども家庭庁の所管とされた。その意味で、こども施策について省庁の縦割り行政は解消したことになる。

ところで、こども施策は、個別の法律に根拠を持っており、その意味で、従来、省庁の縦割りとは別に、法律ごとの論理でそうした施策が進められていたという点は知っておく必要がある。省庁の所管による縦割りを、

「省庁縦割り」と呼ぶとすると、こうした法律ごととの論理で行われる行政の有りようは法律ごとに縦割りになっており、その意味で、「法律縦割り」と呼ぶことができよう。「切れ目なく」「隙間なく」「総合的に」施策を進めようとする場合、省庁縦割りはもとより、こうした法律縦割りの弊害もまた取り除く必要がある。

(2) 若者施策と総合行政

ところで、若者施策を含むこども施策は、国が制定する法律で根拠づけられているといえるが、他方で、その実施権限は、法律により、たいていの場合、自治体、とりわけ市区町村といった基礎自治体の首長に与えられている。自治体は、現場の最前線であり、加えて、国と異なり、教育委員会などを除き、権限が首長に集中されていることから、現場に即した総合行政を展開できる地位にあり、その責任を負っている。国は、制定した法律を実施することの責任を負うことから所管する法律の縦割りにならざるを得ない部分もあるが、自治体は、こうしたしくみの下、若者を含むこどもに施策が当事者に過不足なく届いているかどうかを尺度として施策を総合することができる。もっとも、これまで、自治体行政は、国の省庁の縦割りに応じた形で行政組織を編制し、国の法律の執行の末端を担ってきた感があり、そもそもそうした文化を転換する必要はある。

こうした法的しくみを背景にしていうと、こども基本法は、こども施策の総合的実施を基礎自治体に託しており、その設計を、国のこども大綱を参酌して策定される自治体子ども計画に委ねているといってよい。市町村こども計画を定める第10条第5項は、こども計画は、「法令の規定により市町村が作成する計画であってこども施策に関する事項を定めるもの」と「一体のもの」として作成することができるとしており、総合的に定めるという観点からは重要な規定であるといえるが、他方で、「市町村こども計画は、子ども・若者育成支援推進法第9

条第2項に規定する市町村子ども・若者計画、子どもの貧困対策の推進に関する法律第9条第2項に規定する市町村計画」等を含むことを求めており、その意味では、個別法律の論理を計画に含ませる規定ぶりになっている。しかし、基礎自治体は、関係法令、自治体の資源、しくみ、取り組みを駆使して、こども施策を行うことが期待されていることを重視すると、個別法律の要請をわざわざ独立の項目立てにして計画を立てる必要がないということになる。

もちろん、その際留意すべきは、若者を含むこども一人ひとりにこども施策が、過不足なく行き渡っているかどうかであり、すでに述べたように、例えば若者問題の固有性が、計画において際立つことなく、単に子どもの問題に引き続く問題のみとして捉えられ、子どもの問題の中に埋没してしまうことがあってはならない。若者固有の問題も際立たせつつ、自治体の資源、しくみ、取り組みを駆使して計画化していく工夫が大切であり、地方自治のいわば腕の見せどころであろう。

(3) 子ども・若者支援地域協議会

子若法は、前述したとおり、「ニートやひきこもり等に対して関係機関が現場レベルにおいてより一層連携して支援する地域協議会の仕組みが定められたことが特色となっている」とされており、子ども・若者支援地域協議会を重視している。

自治体が設置する子ども・若者支援地域協議会（以下、「協議会」という）は、「関係機関等が行う支援を適切に組み合わせることによりその効果的かつ円滑な実施を図るため」設けられるもので（19条）、必要な情報の交換、支援の内容に関する協議を行い、協議会を構成する関係機関等の支援につなげるといういわばネットワークのしくみである（20条）。令和4（2022）年1月1日時点で、都道府県で42、政令指定年で14、市区町村で78自治体が設置している▼10。協議会を設置する自治体は、子ども・若者支援調整機関および指定支援機関（以下、「調整機関等」という）を指定することができるとされている（22条1項）。あわせて、子ども・若者育成支援に関する相談に応じ、関係機関の紹介その他の必要な情報の提供・助言を行うワンストップの窓口としての拠点としての子ども・若者総合相談センターを設け（13条）、子ども若者支援事業を展開することが期待されている。

協議会には、例えば、代表者会議、実務者会議、個別ケース検討会議が置かれるとともに、調整機関等が中心となって、その運営と事案への対応を行うが、加えて、関係機関の支援を円滑に行うために、必要な場合に、支援の対象となる子ども・若者に関する情報の提供、意見の開陳その他必要な協力を求めることができるとの権限を法定し、個人情報保護を前提とした情報共有のしくみを整えている（20条3項）。

重要なしくみであるといえるが、こうしたしくみは、それ自体としては、実は、要保護児童等対策における要保護児童対策地域協議会と調整機関を、さらには、子ども家庭総合拠点を引き写しにしたものとみられ、実際に、要保護児童対策地域協議会の調整機関が、「子ども・若者支援調整機関」等を兼ねることが多いものと思われる。市区町村が、元来、義務教育以降の子ども・若者の問題を苦手としており、仮にこの層にうまくつながることができたとしても、その層の固有の問題への処方箋と対処方法を備えていなければ、単に相談を受ける窓口にとどまり、問題解決のしくみとならないことに留意する必要がある。その意味で、要保護児童地域対策協議会とは区別される子ども・若者支援地域協議会のしくみは、若者問題への対応の覚悟を持ってなされるのでなければその意義は著しく減殺されることになる。

5　こども基本法と若者支援

以上、子若法を手がかりとして若者支援をみてきたが、冒頭にも述べたとおり、こども基本法は、こどもを若者を含む形で、「心身の発達の過程にある者」として定義し、こども大綱、自治体こども計画においても、子若法の子ども・若者育成支援推進大綱、自治体子ども・若者計画を包含するものとして構想されており、その意味で、若者も含む基本法のしくみともなっている。

しかし、他方で、当然のことながら、こども＝子どもと捉えられる傾向にあり、1条の「日本国憲法及び児童の権利に関する条約の理念にのっとり」との規定をどのように理解するかは置くとしても、こども施策の基本理念を規定した3条において、1～4号が子どもの権利条約の一般原則を規定し、残る5～6号が子育てについて定めるにとどまっており、1～4号が、子どもと区別された若者の権利に通じるところがあるとしても、若者支援の基本理念は、子若法を紐解くのでない限り知ることはできない。

すでに述べたとおり、若者問題には、子ども期から引き続く問題の他、若者固有の問題があることは特に意識されてよく、こども基本法下では、かなり意識をして若者施策を整えていく必要がある。それほどに若者問題は深刻である。

注——

1　蛇足ではあるが、その意味では、18歳未満の子どもはやはり「子ども」と表記するのがふさわしく、「こ育て」ではなく「子育て」としていることなどとも整合的に説明が可能になる。

2　ただし、児童相談所は、現在、政令指定都市は設置しなければならず、中核市、特別区は設置することができるとされている（児童法59条の４）。

3　宮本みち子・佐藤洋作・宮本太郎編著『アンダークラス化する若者たち——生活保障をどう立て直すか』（明石書店、２０２１年）pp.14-15（宮本みち子執筆「若者問題とは何か」）。

4　『令和元年度版子ども若者白書（概要版）』特集２　長期化する引きこもりの実態（www8.cao.go.jp/youth/whitepaper/r01gaiyou/pdf/b1_00_02.pdf）

5　以上について、前掲書p.14。

6　「子供・若者育成支援推進大綱」では、「乳幼児期から青年期までの者」としている。青少年を規定する法律は、地方青少年問題協議会報をはじめとして複数あるが、法律上の定義はない。青少年の雇用の促進等に関する法律８条に基づく青少年雇用対策基本方針（平成28年1月厚生労働省）で、「35歳未満の者をいう。ただし、個々の施策・事業の運用状況等に応じて、おおむね『45歳未満』の者についても、その対象とすることは妨げないものとする」とされている（現在のものは、https://www.mhlw.go.jp/content/11804000/000759745.pdf）。

7　内閣府「ユースアドバイザー養成プログラム（改訂版）」（平成22年６月改訂）https://www8.cao.go.jp/youth/kenkyu/h19-2/html/1.html　ここでの記述は基本的にこれによる。

8　注８の他、参照、前掲書注２、p.267以下（宮本太郎執筆「若者施策の政策理念」）。

9　前掲注６。

10　www8.cao.go.jp/youth/model/pdf/secchi_ichiran.pdf

第11章

若者の手で若者とコミュニティのために

「人づくり」×「まちづくり」を行うNPO法人SETの挑戦

三井俊介・岡田勝太

はじめに

人口3000人の町に、古民家を改修し、コミュニティカフェを開いた女性がいる。他にも地域のコミュニティを活性化させるビジネスを手がける女性、無農薬農園をつくる男性がいる。全員、都会出身の20代の若者たちだ。彼らはこの町にある〝学び舎〟の卒業生でもある。この学び舎は、若者たちが立ち止まりじっくりと自身のキャリアを考える場所が日本の若者政策には必要だという哲学を持っている。彼らは口を揃えて言う、「学び舎の期間は、人生において必要な時間だった」と。彼らはなぜ、移住し、そして町づくりの活動に取り組むのか。どんな若者たちがこの学び舎に通い、ここで何を学び、どんな体験をしているのか。そしてその結果、なぜこの町に残る決断をしたのかを記していく。

1　学び舎を運営するSETの概要、そして学び舎の成り立ち

NPO法人SETは、2011年3月11日の東日本大震災をきっかけに設立された。当時、関東に住む大学生が震災支援団体としてSETを設立し、その後、一部のメンバーが岩手県陸前高田市広田町（以下、広田町）に移住して、地域の人たちと共にまちづくりを進めてきた。Mission（どんな社会を夢見るか?）に「一人一人の『やりたい』を『できた』に変え、日本の未来に『Good』な『Change』が起こっている社会を創る」を掲げ、Vision

（SETの使命は何か？）を「人口が減るからこそ豊かになる人づくり、町づくり、社会づくりを行う」としている。主な活動として、地元住民と外部の若者の交流を通じた〝ひとづくり〟〝まちづくり〟の取り組みを進めている。都会で暮らしてきた若者にとって、広田町に根付く文化やつながりの深い人間関係、暮らしと近い自然環境などが価値観や人生観を広げてくれる教材であった。また地元住人にとっても、都会から来た若者と接する機会は、当たり前だと思っていた広田町の文化や風景などを前向きに捉え直し、何もない田舎だと思っていた広田町に誇りを持つ機会となった。その結果、人口約３０００人の広田町に、年間延べ２０００名以上の若者が継続的に訪れ、定期的に通い・活動をする若者が80名弱いる。毎週末必ず若者が東京から広田町に訪れ、地域の方との交流や中高生とのワークショップを行ってきた（２０２０年、新型コロナ感染症拡大前まで）。また現地に移住して活動する若者が30名以上いる（写真11－1）。そのうち、移住後に4組が結婚し、すでに子どもを育てている家庭もある。交流人口から、活動人口、移住へとつながる全国的にあまり類を見ないモデルが創り出された。このことが評価され、全国的な賞も複数受賞するに至った。また、約３０００人の町で８００人以上の住民がSETの活動に参加し、まちづくりを行ってきた。現在ではこれらのノウハウを活かし、岩手県内5自治体に活動を拡大している。

写真 11-1　一次産業を手伝う移住した若者たち

東日本大震災という未曽有の自然災害を受けた被災地での活動は、これまで当たり前だと考えてきた豊かさの基準が、あらためて問われる機会となった。一瞬ですべてを奪い去ってしまう自然災害が起こりうるこの社会で、都会に暮らすことは安心安全な暮らしにつながるのか、一流企業に勤めてお金を稼ぐことが本当に人生を豊かにするのか、などと考えさせられたのだ。

活動を続ける中で、これから人生をどう生きていこうかと、私たちと同じように葛藤する若者と数多く出会った。そこで、変化する時代の中で葛藤する彼らや私たち自身が自分らしく生きることを探求でき、かつ広田町という小さな地域にとっても価値のあるプログラムとは何かを考えた。そして、私たちは、自分らしい生き方に気づく学び舎、Change Makers' College（チャレンジ・メーカーズカレッジ、以下、ＣＭＣ）を２０１７年に開校することに決めた。

2　学び舎で行うこと

ＣＭＣは、広田町に４か月間移住しながら行う学びと体験プログラムである。本プログラムは、「若者のライフチャンス拡大に向けた、農山村部における学び舎づくり事業とその普及」、および「ＣＭＣ参加後も継続して地域で若者が生活するためのセーフティネットづくり」を目指している。参加者は、一度就職するが、過度なプレッシャーや人間関係の悩みからうつ状態となって離職している場合や、複雑な家庭環境で幼少期を過ごしているケース、義務教育期間中に長期にわたり学校に行けずにいた若者が多い。共通するのは、何らかの生きにくさに悩んでいる点である。参加者たちは、４か月間、同町で実施されるプログラムの中で、社会的自立を少しずつ達成していくことを目指す。それはある意味では自分が生きやすい社会を自分の周りに作っていくプロセスとも言える。ＣＭＣでは、「授業」「共同生活」「地域活動」の三つが重要な基盤である。順に記述する。

ＣＭＣでは一般的な日本の学校教育とは違ったアプローチを取る。一方的な講義や暗記するような授業ではなく、参加者同士やコーディネーターとの対話からの学びを重視する。偏差値や評価は関係なく個人個人の探究心を育むことを大切にする。そのため、参加者個々人でカリキュラムを自由にカスタマイズできるようになっている。また、必修クラスは１週間の中で週に２日、午前中だけであり、プログラム参加者にとっては多くの時間が自分で選択することができる余白となっていることが特徴である。余白が多いことで、「自ら選択することの重要性」を体感する機会を提供している。また必修クラスでは持続可能性について深めることや、自身のキャリア、他者とのコミュニケーションなどを学ぶ。選択クラスでは、食を通じて世界とつながる「ナチュラルフードクラス」、自然の中で五感を使い、生きることを考える「ネイチャーダイブクラス」など多様なテーマのクラスを実施している。クラスを提供するのはＣＭＣの卒業生で広田町に残ることを決めた若者たちも多い。

写真 11-2　共同生活の様子

二つ目の「共同生活」の様相であるが、シェアハウスとなっている古民家で４〜６名で住む（写真11－２）。基本的には２人で一部屋のルームシェアである。部屋は質素な作りとなっており、リビングなどの共用スペースで多くの時間を過ごす。初めてシェアハウスやルームシェアをする参加者も多い。すれ違いなどから不満やトラブルも起きるが、運営者は必要以上の介入は避ける。その分、観察することを心がけ、必要なタイミングで適切な介入ができる体制をとるよう連携をしている。

三つ目の「地域活動」は、プログラムとして用意しているというよりは偶発的なものが多い。学び舎自体が地域に埋め込まれているため、地域住民と出会う機会も多い。参加者一人一人が住民から多様な地域活動に誘われる。これらのことは都会で暮らしていては経験できないものであり、住民との対話が多くの学びとなり、住民の存在が心の支えとなる。

また「学び舎」には、参加者が興味関心を持ったことに対して没頭できるようさまざまな機能がある。「図書室」「音楽室」「図工室」「美術室」「ＢＡＲ」などがあり、無料でいつでも利用することが可能である。

ＣＭＣのような学び舎は日本にはまだ少ないが、幸福度ランキングで常に世界上位にランクインするデンマークには「フォルケホイスコーレ（以下、ホイスコーレ）」という学び舎が存在する。ＣＭＣの運営を1年間ほど行った頃、私たちと同じように自分らしい生き方やあり方を探求する場所はないのかと調べ、デンマークに似た学び舎があることを知り、２０１８年の5月から連携がスタートした。２０２２年4月からは、デンマークの若者4名が約2か月間広田町に滞在するプログラムがスタートしている。

◆人生の学び舎「フォルケホイスコーレ」

日本にフォルケホイスコーレを紹介している、一般社団法人IFASによると、「フォルケホイスコーレは、デンマーク流民主主義の基盤を作る『国民学校』であり、「デンマーク国内に70校前後あり、17歳以上であれば誰でも」入学することができるという。大学に進む前に本当に自身の興味のあることを探す人や、職種変更など新しいことにチャレンジしたい人が学ぶ場所であり、試験や成績がないこと、対話を通して学ぶこと、共に暮らす中で共に学ぶことが特徴であるとしている。

2021年からは、デンマークのフォルケホイスコーレ協会が主催する「ピーポーズフューチャーズラボ（People's Futuer Labo）」にSETは参加している。これは、気候変動などのグローバルイシューに向けて、デンマークにある12校のホイスコーレと、ホイスコーレにつながりの深い世界12か国の代表団とが協議をしながら、具体的なプロジェクトの立ち上げを目指す取り組みである。CMCは日本で唯一この取り組みに参加している。

3　参加者の学び舎での様子と卒業時の状態

実際CMCではどのような若者がどのような学びをしているのか。直近の具体事例をなぞりながら、学びの様子を見ていく。

共同生活では、台所や風呂も共有しながら、家事や催事などの運営を参加者が自主的に行う。通常のシェアハウスなどと違うことは、個人個人の部屋は質素にし、共用スペースで長い時間を過ごしたくなるような施設整備をしている点だ。共に過ごす時間、語り合う時間が自然と多くなるからこそ、信頼や友情が育まれ、個人個人の変容が促進される。また、ふと授業の内容について語り合ったり思いを吐露《とろ》し合ったりする場が日常的に生じることで、共同的な学習が積まれていく。しかし4か月間の中では、緊張が取れない時期、どうしても協調的になれない不調、本音を見せ合うからこその衝突なども経験する。

例えば大学を休学して参加したAさん（女性）。他者の感情や評価に敏感であり、初めひと月ほどは正直な思い、特に1人になりたいという思いを表現できずにいた。次第に我慢は限界に達し、パッタリと自室から出られなくなる日も複数あった。しかしそんな時、周囲からは評価も干渉もなく「そういう時なんだね」と受容された。Aさんはだんだんと「このままでいていい、自分の個性を引け目に思う必要はない」と思うようになったという。それは生き抜くためには適合しなければならないと自縛していた型から解放され、目を向ける余裕がなかった自分の本来的な感性が回復しはじめるということだった。安心して1人でいられるようになったことで、人といる時も自分らしくいられるようになったというAさん。卒業後も自分の望みや他者とのちょうどいい距離を繊細に確かめながら、自分にとって本当に意味のある社会と接点をつくりはじめている。

注意力や洞察力に特性のあるBさん（男性）は当初、協同性が乏しかった。食事や掃除を他者に依存し、それに対する感謝も見えない。指摘や助言をしてもうまくは伝わらず、他の参加者にBさんへの不満や苛立ちが見られた。しかし卒業まで1か月を切った頃、様子は一変する。Bさんは自ら進んで苦手な料理に挑戦し周囲にふるまったり、他者への感謝を口にするようになったのだ。背景にあったのは、ある日痛い失敗をし落ち込んで帰宅したBさんを、他の参加者が励ましたり一緒に頭をひねって対策を話し合ったり、優しく迎え入れた出来事だった。周囲が根気強く伝え続けていた本音が、本人に届くようになった。具体的な協同の技法を一つ一つ覚えるにつれ、Bさんの協同性はグイグイと開かれていった。他の参加者とも親密な友情が結ばれていく。卒業しても終わらない、人生を共に歩む仲間を得たBさんは、卒業後自信を持って学生生活に戻っていった。

衣食住を共にすると、互いの本質的な部分を見せ合うことになる。適性や経験の違い、指向や価値観の違いなど見て見ぬ振りのできないことを前に、揺らぎの連続だ。CMCでは授業と共同生活を往還しながら、コミュニケーションや社会の持続可能性について考え、対話し、実践し、また持ち帰る。その繰り返しの中で参加者は、人と共にあることで自分が豊かに生きていけることを学んでいる。

また民家の一角を活用し広田町に点在する学び舎は、地域住民の生活リズムに溶け込んでいる。参加者は多様な地域活動に参画する機会が多くある。季節と共にめぐる地域の生業に合わせて、参加者は漁や畑の手伝いに手をあげることができる。繁忙期には毎日真っ暗な早朝から布団を出て、海や畑に出かけ、手足を動かす。そしてご飯をご馳走になったり新鮮な食材をいただいたりして帰る（写真11－3）。参加者の中にはSETの別事業を通してもともと地域住民と顔を見知っていた者もおり、波及的に地域への一歩が踏み出しやすい。食卓を囲めば暮らしの知恵や人生の話を聴いたり、逆に興味を持ってもらい、存在を丸ごと受け止めてもらったりする。

写真 11-3　地域の方のお宅に招かれ夕ご飯

大学院を卒業し働き方を模索していたCさん（女性）。当初、条件の羅列に自分を当てはめるような就労や誰の何のためになるのかよくわからない社会的活動に無力感を抱いていた。一転、CMCで物や労働の循環に組み込まれると、その起点には「お互いを思う心」があると発見した。目の前の相手の人生や生活を慈しみ、持続を願う素直な思いがエネルギーとなって、社会生活が無理なく派生していく。そんな実体のある温かな関係の中でCさんの中にも「どうしたらお返しできるだろうか」と働く動機が自然と生まれていく。生きる希望が芽生えたというCさんは卒業後、また別の地域に飛び込み、心の通う社会づくりを追求している。

Dさん（男性）は、大学卒業後新卒入社した企業を退職して参加した。企業で働いていた頃と違い、CMCでは他者との関係づくりが生活の営みと一体的だ。自身の生活上のふとした心遣いが他者の生活に影響し、信頼を築く。Dさんは余暇時間を使って地域住民に会いにいったり農作業を手伝ったりした。手足を動かせば動かすほど相手の顔に浮かぶ表情も変わっていく。顔や名前を覚え合う人も増え、自分が力になっている実感が増す。安心感と自信が満ちていった。卒業後Dさんは広田町内で得意な料理をふるまうキッチンを始業。「自分の全てをもってチャレンジしてみたい」という気持ちがある今、それをまず形にしてみるのだと話す表情は、生き生きとして穏やかだ。

都市文化に馴染んだ若者にとって、地域で経験する顔の見える関係、「お互いさま」の文化は新鮮だ。自分が存在している実感、他者と共に生きている実感から根底的な安心感とエネルギーが湧き出る。そうして初めて社会的にも自立していける。

参加者はさまざまな参加背景、動機を持ってCMCに集まる。CMCではその多様性を尊重し、あらかじめ同一のゴールを設定しない。あくまで個々の感性と文脈にしたがった暮らしの中で、自然発生的に現れる学びを大切に育てる。よって個々が得ていく学び、学びの種類、発現の仕方はそれぞれだ。しかし多くの参加者に共通して見られる到達点があるとすれば、それは、自身がもともと持っていた個性や望みに気づくこと。また誰かの役に立ち、支え合うことができる自分の存在を再発見することだ。CMCを卒業しても現代社会を生きる葛藤や困難が解消されるわけではない。だが、自分の望みや可能性を再発見し、また共に別の社会を模索できる人々と出会うことで、その葛藤や困難は生きる道を示す道標に変わっている。ＣＭＣには、休む間もなく進んできた若者が、深く息継ぎをすると共に自分の呼吸を取り戻し、本当に持続的に生き続けていける一歩を踏み出す姿があるのだ。

4　それぞれの道

２０１７〜２０２２年までの間に7期を行い、合計60名が卒業した。そのうち32名が定着（1年以上、広田町に住んだ）し、25名が広田町に関わり続けている。具体的な事例を複数名取り上げたいと思う。

２０１７年1期生として入学したＥさん（女性）は東京都出身、大学も都内であった。大学在学中の2年間、ＳＥＴの活動にインターンとして参画した。就職は東京のＩＴ企業に勤めるが、広田町への移住の想いを抑えきれず、半年で退社し、移住してきた。移住と同時にＣＭＣに参加した。当初は何をこの町で行いたいのか定まっておらず、ＣＭＣの期間中に「押し花」や「ビーチクリーン」など、さまざまな自身の「小さいやりたい」を形にしていく中で、だんだんと自身の想いに気づいていった。それは大好きな広田町のことをもっと好きになれるような「場」を作りたいという想いであった。そして学生時代にコーヒーショップでアルバイトしていたことも起因し、古民家を改修したコミュニティカフェを行っていくことを決断した。決断してからの行動は早く、ＳＥＴが賃貸している空き家を拠点とすることを決め、自身で改修費１００万円をクラウドファンディングで集めた。改修作業も住民の皆さんにボランティアで協力していただき、庭などもあっという間に整備された。こうしてコミュニティカフェ「彩葉」が2018年6月に誕生した（写真11－4）。現在は週に3日ほど営業している。さらに、他の卒業生でパンづくりを行いたい方や料理を提供したい方たちに対して、彩葉の貸し出しを行っている。「食」を起点にプロジェクトや事業づくりを行う人々のプラットフォームにもなっているのだ。

他にも、SETに就職し陸前高田の関係人口づくりに関する事業に従事する者、陸前高田と世界をつなぎ各国から人を呼び込む事業を行う者、コミュニティビジネスづくりを行う者もいる。また、フリーランスとして活動する者、兼業で複数会社で働く者もいる。他にも、陸前高田市の近隣市町村に住んで活動している卒業生もいる。住田町で就農した者や、気仙沼で漁師になった女性もいる。他にも岩手県内の林業に関わる会社に就職した者や、教員試験を受け公立高校で先生になった者もいる。彼らの特徴は卒業後すぐに今の仕事に定着するわけではなく、約2～3年さまざまな経験を積むことで、最終的には広田町やその近隣、岩手県内で定着していくということだ。

写真11-4　cafe 彩葉を立ち上げた1期生（左）と手作りパンの販売を卒業後に開始した4期生（右）のコラボイベント時の様子

5　彼らはなぜ残ったのか？

彼らはなぜ人口3000人の、縁もゆかりもなかったこの町に残ることを決断したのか。「人生の豊かさをここで見つけ、作れると感じた」「ここにいる人たちと一緒に生きていきたいと思った」など人それぞれ理由はあるが、大きな理由の一つとしてSETの移住者コミュニティが既に存在していることがあると考えられる。SETの移住者コミュニティはどのようなものなのか、また地方移住や標準的なレールにのらない自分らしい人生を歩もうとするときにどうしても「お金」の不安はつきまとうが、それらはどのように解決しているのか、具体的に掘り下げて書いていきたいと思う。

SETの移住者コミュニティは大学時代を都会で過ごした20～30代前半が中心だ。男女比は半々であり、大学卒業時、もしくは一度就職し3年以内に離職して移住してきているケースが多い。学生の頃にSETで活動したメンバーとCMCの卒業生で構成されていることも特徴である。このコミュニティは「他人と共に自由に生きる」ということをテーマに、メンバー間で探求しながらコミュニティ運営を行っている。

(一)「他人と共に自由に生きる」

この概念はクルミドコーヒー経営者の影山知明氏の著書『ゆっくり、いそげ――カフェからはじめる人を手段化しない経済』から着想を得ている。かつての日本は住民同士が支え合い、「共生」していた。寄り合いで物事を決め、共同で地域の草刈りを行い、お裾分けをし合いながら生きてきた。しかしそこに関わらない「自由」は担保されていなかった。どんなに忙しくてもお祭りには参加をしなければならない。やりたくもないたくさんの役職をやらなければならない。そうして「しがらみ」が強くなり、「不自由」具合が高まっていった。そして自由を求めて人々は都会に移住した。時は高度経済成長期でもあった。確かに人々は自由を手に入れたが、お金が拠り所となり、「孤独」になっていった。核家族化が進み、地域のコミュニティは徐々に崩れていった。マンションの隣に住む人の顔もわからない。社会では「孤独死」という現象も起き始めた。さらにバブルは崩壊、高度経済成長は終わりを告げ、成熟社会に突入した。少子高齢化となり、経済も停滞、失われた30年が始まった。さらに社会はVUCA（変動性・不確実性・複雑性・曖昧性）時代と呼ばれ、未来が見通せなくなった。日本の多くの人が「何に向かって自分たちが生きているのか」わからなくなっていった時代だと捉えている。そのような中で東日本大震災が発生した。「明日死ぬかもしれない」ということをリアルに感じた人々は「豊かさとは何か？」を問い直した。そして人々は人と共に生きる重要性を再認識した。しかし、これまでのように「人と共に生きるから不自由になる」ではなく、「共生」し、なおかつ「自由」に生きる、つまり「他人と共に自由に生きる」道を探し始めたのだ。私たちSETもそうであり、そのようなコミュニティを目指して、日々活動をし、そして共に暮らしている。

（2）「Freedom」と「Liberty」の違い

「他人と共に自由に生きる」ためには、「自由」の概念をアップデートしていくことが大切だ。高度経済成長時代に人々が都会に出て求めた自由は「Freedom」なのではないか。「Freedom」は「受動的（そこにすでにあるもの）」「誰にも邪魔をされず、言いたいことを言い、やりたいことをやる権利」というのが、最初の語義とされている。ある意味では自分だけ良ければ良いという考え方の自由であり、個人主義的な自由だ。一方で、「他人と共に自由に生きる」上での「自由」は、「Liberty」だと考える。「能動的（摑み取るもの）」「政府や権力からの過度な制約なしに、選んだとおりに生きる自由」というのが、最初の語義である。「過度な制約なしに」ということは、ある一定の制約があり、それらを受け入れることで、人々が「自由である状態」を維持しているものだと

写真 11-5　CMC 入学式の様子。生まれた場所、世代、国を超えたコミュニティの存在

考えられる。私たちは「自由」、「Freedom」から「Liberty」へのアップデートが一つの鍵だと感じている。

(3) なぜ広田町に残るのか?

なぜ広田町に残るのかは「他人と共に自由に生きる」という概念の説明なしには伝わらないと考えている。それはなぜかというと、現代は、さびしさを抱えて生きている若者たちが多いのだ。社会からは敷かれたレールを歩くように言われるが・他者と比べること、競争することを求められ、個人主義的な自由がよしとされる日本において、自分のことを本当に見てくれている人がどのぐらいいるのか、心から安心できる場所はどこにあるのか、自分はこの社会に存在している価値があるのかなどを見出せないでいる。ある意味では同質化（同じレールを歩くこと）を求められながら、競争させられる（差別化を求められる）のだ。それは苦しい。しかし、SETのコミュニティでは、違いを違いとして受け入れる。同じであることを求めもしない。その人が望むものはその人の中にあると信じて待つ、話を聞く。そして「やりたい」ことが出てきた時、最大限にサポートする。その支え合うコミュニティメンバーは同年代がほとんどである一方で、町には自身の祖父母と同年代の方々がいつでも話を聞いてくれ、そして支えてくれている（写真11－5）。薪割りや草刈りなど、家の手伝いをさせていただき、一緒にご飯を囲む。「今日もありがとう」という関係の中で、自分の存在意味を、この町に見出していくことができるのではないかと思う。そして町のボランタリーな経済を享受し、なおかつＳＥＴが提供するシェアハウスに暮らすことで定住のコストを圧倒的に下げることができる。具体的には、家賃・水道光熱費・インターネット・シェアカー利用料・シェアサイクル利用料込みで月２〜３万円で収まる。つまり、そこまでお金を稼がなくても死なないという環境が用意されている。これらの環境に心理的安全性を感じ、この町に残り、自分らしい人生を生きていくことを決める若者が多数いるのだ。

おわりに——願いに変えて

「若者問題」と言われるが、「若者を問題視する社会」に私たちは疑問を投げかけたい。結局は私たちも当事者である。当事者だからこそ、気づけること、支え合えることがあるのだろう。しかし、それだけではこの少子高齢化の日本の中で永遠にマイノリティーだ。それでも私たちは限界集落と言われ、若者たちが次々と出ていくこの町で、力強く生きている。持続可能ではない今の社会に対して、一つの答えを作り出そうと、必死にもがいている。一人一人がより豊かに幸せに生きられるように、新しいパラダイムを形作ろうとしている。ある卒業生が、「自分として生きる覚悟ができた」と言った。若者たちは悩み、苦しみながらも、この学び舎で覚悟を新たにし、新しい社会を作り出していく。私たちが作っているこの小さな希望の灯火を、日本全体を照らす希望の光へと、変えていきたい。

おわりに

本書は『子ども若者の権利と政策』シリーズの1冊として刊行された。子ども政策・若者政策の基盤に子ども若者の権利を位置づけて体系性を示すことには大きな意義がある。現行の子ども、若者に関する施策はたくさんあるが、散漫さが目立ち、生まれてから自立するまでのすべての子ども若者の成長・発達とウェルビーイングを保障する包括的な社会政策になっているとはいえない。とくに、歴史の浅い若者政策に関しては、より散漫さが目立ち、すべての若者の権利を保障できる水準にはないといわざるをえない。

1 子ども若者の権利保障の現在

こども家庭庁の設立過程に有識者会議構成員として係わった筆者が強く感じるのは、こども家庭庁やこども基本法における「こども」という名称に表れているように、行政施策はややもすると乳幼児期から思春期に偏重する傾向がみられる。関係する公務員等の数からみても社会資源の投下の規模でみても行政の歴史年数からみても、若者期を格段に上回っている。そのため、人生前半期の議論をすると関心は乳幼児や児童に比重が偏り、未成年期までで止まってしまうか、延ばしてもせいぜい大学生までに限定されてしまいがちである。学校段階を終えた若者たちに関しては、「若い人たちのことはよくわからない」とか「もう子どもではないのだから自力でやるべきだ」とかという本音が漂っている。こうして、若者施策に関しては、常に声を大にして実態と必要性を叫ばないと軽視されてしまうのではないかという危惧を感じている。若者の実態をみれば、困難な子ども期を送った若者の状態は改善されていないばかりか、支援の手が届かないところに追いやられ、困難さがむしろ強まっていることも少なくない。

こども家庭庁は公式には、子ども政策と若者政策を総合的に扱う行政機関とされている。しかし、「こども」という用語は極めてややこしく誤解をまねく用語で、乳幼児から成人になる前まで（つまり未成年）をイメージするのが普通であろう。とはいえ、新庁に向けた「こども政策の推進に係る有識者会議報告書」では、若者についてつぎのように記述されている。

ここでいう「こども」とは、基本的に18歳までの者を念頭に置いているが、こどもが大人として円滑な社会生活を送ることができるまでの成長の過程は、そのおかれた環境にも大きく依存し、こどもによって様々であり、かつ、乳幼児期からの連続性を持つものである。円滑な社会生活を送ることができるようになる時期にも、個人差がある。それぞれのこどもや若者の状況に応じて必要な支援が18歳や20歳といった特定年齢で途切れることなく行われ、思春期から青年期・成人期への移行期にある若者が必要な支援を受けることができ、若者が円滑な社会生活を送ることができるようになるまで、社会全体で支え伴走していくことが必要である。

また、文中の〈思春期から青年期・成人期への移行期にある若者への支援〉という項目では、支援の目的や内容について、つぎのように記述されている。

思春期から青年期・成人期への移行期にある若者が、自立して社会で活躍することができるようになるためには、経済的な基盤を築くことが重要である。若者にとって働く場は、収入を得るだけでなく、成長や自己実現の場でもある。（中略）若者の自立や社会参加に向けた取り組みの充実が求められる。

私はこの有識者会議の構成員であったが、会議で「子ども」に偏って審議されることに強い危機感を持ち、軌道修正を求めた。その効果もあって、報告書には「若者」が入ることになった。その後気がついたことであるが、このような傾向は、地方自治体の「こども基本条例」により濃厚である。１９９４年に日本が批准した国連の「児童に関する条約」の国内法として２０２３年４月に施行された「こども基本法」を受けて、今後「条例」を作る自治体が増えていくことが予想される。ところが、すでにある条例の大多数は対象年齢を未成年と定めている。近年の条例も同様である。今のままでは、対象を未成年とする条例が大半を占めることになるのではないかと危惧する。

弱い立場に置かれてきた子どもを守り育てるために「子どもの権利」という理念を打ち立てることは受け入れやすい。児童の権利条約批准後の、国内法を求める運動においても、関心はもっぱら児童（子ども）に置かれてきた。21世紀に入って展開をしてきた若者問題への取り組みや調査・研究の成果は、子どもの権利を確立しようとする社会運動の中では暗黙のうちに除外されている。しかし、本書の各章で明らかにされた若者の実態と取り組みをみれば、若者の権利の確立がいかに重要となっているのかがわかるはずである。

第10章で野村は、子どもの年齢が低いほど、子育て（親支援）を含めたさまざまな子どもへの支援のしくみが用意され、子どもが義務教育を終えると支援のしくみは少なくなる。子どもの成長とともに課題は解決され支援の必要性はなくなっていくという制度設計であり、義務教育を終えると子どもは地域の公立学校から、都道府県立の公立学校、私立学校、就職へと生活圏を広げることとなり、市区町村は、権限とともにこの年代の子どもたちへの関わりが少なくなっていく（把握できなくなっていく）。子ども期の問題が先送りされた若者問題は、特に年齢の高い子どもの支援の難しさを表しているともいえると述べている。こども基本法等は、問題が子ども期で解消されずその後に引き続くことが社会問題化する中で、子ども期の支援をその後にも及ぼそうとするものである。

しかし、若者問題といった場合、子ども期から引き継がれた問題だけを意味するものではない。成人への移行期の問題でもあり、成人一般の問題とも異なる問題として意識しておく必要がある。中等教育時期を終えると、子ども支援の中核を担っている市区町村、さらに都道府県の公的支援も手薄であり、家庭の養育機能に期待できなければ、ドロップアウトする危険性を常に有している。時代の変化の中でこの時期の発達課題を果たすことのできない若者が集合的に存在するようになり、社会において標準とされる生活水準を獲得することが困難で、暮らしが成り立たず、また安定した社会関係を保つこともできない若者が増加することとなった。

このような若者問題の固有性は意識しておくべきで、若者を「こども」の中に含めて対応しようとすることで、若者問題を、子ども期から引き続く「こどもの問題」としてのみ捉え、若者固有の問題としては埋没させてしまうようであってはならないと野村は注意を喚起している。

2　若者政策がめざすもの

本書の各章を総括して、若者政策がめざすものをまとめてみよう。

(1) 子ども期から成人期までの多様な選択肢を用意することが若者政策の方向

日本の若者の成人期への移行には、工業化社会のモデルのまま、「子ども期から成人期まで一本の順序だった連続的な移行ルート」が社会システムとしても慣習・規範・意識の点でも強く残っている。そのため、子ども若者のおかれた環境や、彼ら・彼女らの意識や実態が多様化・流動化しているのにもかかわらず、多様な選択肢が社会に用意されていない。その結果、成人期への移行は不安定でリスクの高い状態になっている。

第2章で園山はフランスの例を紹介し、成人期への移行の多様性を受け入れる社会システムとはどういうものかを述べている。日本と比べフランスの所得の不平等は歴然としているが、その不平等がライフチャンスに与える影響は弱い。若者が教育から労働への移行において、多様な選択肢があって進路変更（橋渡し）が可能であり、さまざまな寄り道も認めるしくみがフランスにはあるという。すべての16～18歳の若者には社会への参加機会を保障しそれ以降も積極的な参加を促し、18歳以上には自立に向け、生活保障のための住宅や子育て等の手当も用意し、25、26歳までに労働への移行を遂げるよう伴走するという手法である。また、若者が家庭を持ちながらでも教育と訓練を継続でき、労働への移行ルートを保障する機会を無償提供しているという。フランスに限らず欧州の福祉国家型の歴史を持つ国々では、類似の若者政策がみられる。

(2) 進路変更や自分や社会と向き合う時間の保障、自立可能な道を探しあてるまでの生活保障のある若者政策

第11章で三井・岡田は、東日本大震災の被災地である陸前高田市で立ち上げたSETという団体の活動を紹介する。ここは、各地から集まる若者たちの学びと活動の場となっている。参加する若者たちの多くは、スピードと競争に満ちた環境の中で追われ続けてきた結果として、学校や職場で限界に達し、休学や退学、退職をして自分探しをしている。そんな若者がSETでの学びや共同生活や地元での体験や旅によって、何かをつかんで人生を再出発している。試行錯誤が許されず、失敗したら自己責任になってしまう日本の若者期を転換し、進路変更や、自分や社会と向き合う時間を保障し、自立可能な道を探し当てるまでの場と生活保障の体制が必要であることを、SETの活動は示している。

(3) 学び、関わり、遊び、活動する場を広げる若者政策

これと通底していると思われる問題提起を、第8章で板本は述べている。全国で結婚支援事業が展開しているが、若者たちは、混沌とした多様な事情を抱えている。そこに目を向けることなしにマッチングに絞って失敗している例が多いのではないかという。過去には地域社会に若者が主体的に学び、遊び、「仲間」という信頼関係をつくり、思想信条をこえて成長し合う環境があった。地域と若者たちが、若者自身の育成機能を果たしていたのである。今はその環境がない。若者たちの生きる場を作る取り組みなしで、結婚支援事業は進んでいる。今必要なことは、「結婚」というテーマに限定せず、若い世代が学び、関わり、遊び、活動する場を広げる取り組みが必要とされている。これも若者政策として位置づけるべきである。

3　若者の生活保障制度を確立すること

(1) どんな若者も拒まない生活サービスと生活保障の構築

「一本の順序だった連続的な移行ルート」から外れてしまうと、若者の生活を保障する制度は極めて貧弱か、ほとんど役に立たない状態にある。第4章で矢野は、若者にとって社会保障制度がいかに脆弱なものかを具体的に示している。独立した個人として制度による生活保障を受けられない若者は、親の扶養家族として生きるしかない。とくに、困難を抱える若者にとっては、その現実が深刻であればあるほど制度は機能不全に陥りやすい。また、はっきりと認知されない障害については、社会サービスを利用するハードルが非常に高い。たとえ、支援者が障害者手帳の取得や障害年金に関するサポートに伴走し、審査基準という壁を突破したとしても障害の程度や年齢による支給額基準など、社会保障を享受するまでの道のりは非常に厳しい。現代の多様な困難に対しては、属性やリスクごとに設計されたさまざまな福祉政策のデザインでは対応しきれないのが実態だという。どんな若者も拒まない社会サービスと生活保障を構築することが若者政策である。

(2) 就労困難な若者を放置せず、希望するすべての若者を職に就ける若者政策

第3章で西岡は、就労困難な若者が顕在化しているにもかかわらず、若者の就労支援は、求人票をもとに本人と会社とのマッチングを図るという手法が続いていることを問題にしている。就労困難な若者を放置せず、就労

を希望するすべての若者が職に就けることは若者政策の柱のひとつである。その後、高齢や障害、困窮者等の施策展開と同様に、若者の就労支援施策も今後、対象の拡大・多様化にともなって支援内容の改革を進めることが必要となっている。そこで、（1）要支援層の拡大・多様化への対応として、「つながりにくい（顕在化しずらい）支援ニーズ」に気づき得る第一線の相談窓口や、アウトリーチなどの改善、（2）相談窓口の開設に終わらない支援内容の改善、（3）地域の労働市場への関与、という三つの課題がある。新規卒業者を含め就職活動において自己責任が強調され、労働市場への過度の適応が求められるわが国の現状から脱却するためには、就労・キャリア形成に向けてさまざまな試行錯誤を続け、若者政策として確立することが必要である。

(3) 若者のための住宅保障は重要な自立保障

第5章で川田は、若者の生活保障における住宅保障の重要性を提起している。欧州諸国の若者の雇用環境は日本よりも厳しく、失業率も高いにもかかわらず、なぜ多くの若者が親の家から独立し、家族を形成することができるのか。それには、雇用や所得の安定、失業に対応する社会保障政策や子どもの出生・子育てを支援する家族政策に加えて、住宅政策の影響も大きいという。オランダやイギリス、フランス、デンマーク、スウェーデンでは、市場よりも低廉な家賃で入居できる社会住宅（公営住宅を含む）が全住宅ストックの2割前後を占めている。その主たる居住層の一つが、低所得の若者である。また、イギリスやデンマーク、フィンランド、フランス、オランダなどでは、公的な住宅手当が普及しており、住宅手当関連の支出が多い。若者のための住宅政策は、生活基盤の安定や健康の維持、幸福度の改善に寄与するだけでなく、少子化・人口対策や、住宅の需要拡大による経済効果も持つ。長期的な視野に立ち、次世代を見据えた住宅政策と住宅セーフティネットの構築が若者政策として必要である。

4　すべての若者が生活保障を受けられる若者政策

(1) すべての若者を対象とする若者政策へ

21世紀に入って以後、若者に関する多様な問題が顕在化する中で、さまざまな若者施策が編み出され取り組まれてきた。しかし、これらの施策は単発的で、前記のフランスのように移行期にあるどのような若者たちに対しても適用される生活保障システムになっているわけではない。第6章で鈴木が述べているように、若者政策・支援事業が専門縦割化していて、事業の対象に入らなければサービスを受けることができない。例えば、「若者」と言いながら、「就労」という観点からは後回しにされがちな女性や、就労に対する困難度の高い障害・障害グレーゾーンの若者や困窮世帯に育った若者たち、専門支援にのりにくい10代の若者たち、あるいはLGBTQ+や外国人などのマイノリティの若者は、事業対象として視野に入りにくい。セクショナリズムによる一部の「若者」しかカバーしない「若者支援」が進められてきたのではないか。対象者の属性や困難にかかわりなく、横断的で普遍性のある若者施策でなければならない。若者期にあるすべての人々を対象とする若者政策を構築する必要がある。

（2）家族支援を強化し、子ども若者のリスクを川上で抑えるという施策に転換すること

支援サービスの大半はある時期に限定した事業になっていて、川上から川下へ、予防から救済まで途切れることのない継続的な支援になっていないため、効果があがっていない。第7章で早川は、児童虐待と社会的養護の関係に関してつぎの指摘をしている。子育て家庭の孤立が進む中、特に都市部では産んだ親の負担が増している。しかし、日本の社会はこれを支えるのではなく、「虐待通報」という鞭で激しく追い打ちをかけている。家庭を持っても産んだ親の責任ばかりが強調される国で、若者が子育てを選択するのは容易でない。脆弱性をもった家族の支援を強化し、リスクを川上で抑えるという施策に転じる必要がある。

5　若者の権利を保障する

（1）社会への参画と能動的市民性を若者政策の柱に

2023年4月にこども基本法が施行され、「生きる権利」「育つ権利」「守られる権利」と並んで、年齢および発達の程度に応じて「自己に直接関係する全ての事項に関して意見を表明する機会・意見の尊重」「多様な社会的活動に参画する機会が確保されること」が権利として掲げられた。

第9章で両角は、日本より20年以上早くにこの施策を推進した欧州の動きを紹介した。欧州憲章は、地方・地

域生活への若者の参画をつぎのように定義している。

「あらゆるコミュニティにおける民主的生活への参画とは、単なる投票や立候補（それ自体は重要な要素ではあるが）ではない。参画と能動的市民性とは、意思決定に関与し、影響をあたえるための権利、手段、空間、機会、そして、必要な場合には支援を手にしていることと、よりよき社会づくりに貢献するための活動や行動に関与することを意味する」。

この定義を日本における若者の社会参加施策にあてはめた時、何がいえるだろうか。日本では、ボランティア活動や体験活動を通じて、社会に参加するための教育や自立支援、まちづくり活動がもっぱらで、若者政策の意思決定過程に若者が関わるという視点は極めて限定的であるという。こども基本法にもとづく若者の参画政策は、これまでの常識を覆すところから始まる。若者政策の土台に若者の権利をしっかりと置き、若者の参画や意見表明を推進しなければならない。

(2) 意見表明権から意思決定支援へ

第7章で早川は、若者の意見表明権を社会的養護を経験する若者の場合にあてはめて、つぎのように述べている。日本の社会的養護においては、ようやく意見表明等支援事業が児童福祉法で位置づけられた。しかし、社会的養護を経てやがては自立しなければならない子どもたちの行く先を視野に入れれば、これらを「意思決定支援」へと進展させなければ権利としての意見表明は実現しない。ところが、子どもたちの多くは意思が育まれていない。たとえば、元の地域で生活すること、再び家族と生活すること、私立高校や大学等の多様な進路を選択すること、自立生活能力が育つまで入所を継続することなどを自分の意思で決めることが苦手である。これらに対する発想すら持てなければ、当然ながら意見として表出されることはない。「意思決定支援」を前提にした施設へと転換をしなければならないという。この指摘の妥当性は、社会的養護に限るものではない。家庭や学校をはじめ、子どもや若者がおかれたすべての施設・団体で、彼ら彼女らに情報を与え、説明責任を果たし、意見を述べることを奨励・啓発することが普通になってはじめて、意思決定支援は現実のものとなる。

6　おわりに

21世紀に入って若者に対する各種の支援制度が登場してきたが、若者を支援する根拠が明確に定まったのではなかった。これでは、時の政局に左右される不安定なものになってしまう。ただし、こども基本法が基盤に置かれるものとされている既存の三大綱（子ども・若者育成支援推進大綱、子供の貧困対策に関する大綱、少子化社会対策大綱）の中でもっとも広く若者政策を定めている子ども・若者育成支援推進大綱の元となっている法律では、第一条で、目的をつぎのように定めている。

第一条　この法律は、子ども・若者が次代の社会を担い、その健やかな成長が我が国社会の発展の基礎をなすものであることにかんがみ、日本国憲法及び児童の権利に関する条約の理念にのっとり、子ども・若者をめぐる環境が悪化し、社会生活を円滑に営む上での困難を有する子ども・若者の問題が深刻な状況にあることを踏まえ、子ども・若者の健やかな育成、子ども・若者が社会生活を円滑に営むことができるようにするための支援その他の取組（以下「子ども・若者育成支援」という。）について、その基本理念、国及び地方公共団体の責務並びに施策の基本となる事項を定めること等により、他の関係法律による施策と相まって、総合的な子ども・若者育成支援のための施策（以下「子ども・若者育成支援施策」という。）を推進することを目的とする。（子ども・若者育成支援推進法。本書巻末資料に掲載）。

2023年4月施行されたこども基本法には弱点がある。こども施策の基本理念を規定した3条は、1〜4号が子どもの権利条約の一般原則を規定し、残る5〜6号が子育てについて定めるにとどまっている。若者支援の基本理念を知るためには、子ども・若者育成支援推進法を紐解くという方法しかない（第10章）。このような弱点はあるものの、子ども若者を権利の主体と定め、子ども若者施策の基礎に「子どもの権利」を置いた点で、まずは前進だったと評価することができるだろう。若者の実態を的確に把握しながら、これらの法律を磨いていく必要がある。

2023（令和5）年9月

宮本みち子

資料

平成二十一年法律第七十一号

子ども・若者育成支援推進法

目次

第一章　総則

（目的）

第一条　この法律は、子ども・若者が次代の社会を担い、その健やかな成長が我が国社会の発展の基礎をなすものであることにかんがみ、日本国憲法及び児童の権利に関する条約の理念にのっとり、子ども・若者をめぐる環境が悪化し、社会生活を円滑に営む上での困難を有する子ども・若者の問題が深刻な状況にあることを踏まえ、子ども・若者の健やかな育成、子ども・若者が社会生活を円滑に営むことができるようにするための支援その他の取組（以下「子ども・若者育成支援」という。）について、その基本理念、国及び地方公共団体の責務並びに施策の基本となる事項を定めること等により、他の関係法律による施策と相まって、総合的な子ども・若者育成支援のための施策（以下「子ども・若者育成支援施策」という。）を推進することを目的とする。

（基本理念）

第二条　子ども・若者育成支援は、次に掲げる事項を基本理念として行われなければならない。

一　一人一人の子ども・若者が、健やかに成長し、社会とのかかわりを自覚しつつ、自立した個人としての自己を確立し、他者とともに次代の社会を担うことができるようになることを目指すこと。
二　子ども・若者について、個人としての尊厳が重んぜられ、不当な差別的取扱いを受けることがないようにするとともに、その意見を十分に尊重しつつ、その最善の利益を考慮すること。
三　子ども・若者が成長する過程においては、様々な社会的要因が影響を及ぼすものであるとともに、とりわけ良好な家庭的環境で生活することが重要であることを旨とすること。
四　子ども・若者育成支援において、家庭、学校、職域、地域その他の社会のあらゆる分野におけるすべての構成員が、各々の役割を果たすとともに、相互に協力しながら一体的に取り組むこと。
五　子ども・若者の発達段階、生活環境、特性その他の状況に応じてその健やかな成長が図られるよう、良好な社会環境（教育、医療及び雇用に係る環境を含む。以下同じ。）の整備その他必要な配慮を行うこと。
六　教育、福祉、保健、医療、矯正、更生保護、雇用その他の各関連分野における知見を総合して行うこと。
七　修学及び就業のいずれもしていない子ども・若者その他の子ども・若者であって、社会生活を円滑に営む上での困難を有するものに対しては、その困難の内容及び程度に応じ、当該子ども・若者の意思を十分に尊重しつつ、必要な支援を行うこと。

（国の責務）

第三条　国は、前条に定める基本理念（以下「基本理念」という。）にのっとり、子ども・若者育成支援施策を策定し、及び実施する責務を有する。

（地方公共団体の責務）

第四条　地方公共団体は、基本理念にのっとり、子ども・若者育成支援に関し、国及び他の地方公共団体との連携を図りつつ、その区域内における子ども・若者の状況に応じた施策を策定し、及び実施する責務を有する。

（法制上の措置等）

第五条　政府は、子ども・若者育成支援施策を実施するため必要な法制上又は財政上の措置その他の措置を講じなければならない。

（年次報告）

第六条 政府は、毎年、国会に、我が国における子ども・若者の状況及び政府が講じた子ども・若者育成支援施策の実施の状況に関する報告を提出するとともに、これを公表しなければならない。

2 こども基本法（令和四年法律第七十七号）第八条第一項の規定による国会への報告及び公表がされたときは、前項の規定による国会への報告及び公表がされたものとみなす。

第二章 子ども・若者育成支援施策

（子ども・若者育成支援施策の基本）

第七条 子ども・若者育成支援施策は、基本理念にのっとり、国及び地方公共団体の関係機関相互の密接な連携並びに民間の団体及び国民一般の理解と協力の下に、関連分野における総合的な取組として行われなければならない。

（子ども・若者育成支援推進大綱）

第八条 政府は、子ども・若者育成支援施策の推進を図るための大綱（以下「子ども・若者育成支援推進大綱」という。）を定めなければならない。

2 子ども・若者育成支援推進大綱は、次に掲げる事項について定めるものとする。

一 子ども・若者育成支援施策に関する基本的な方針

二 子ども・若者育成支援施策に関する次に掲げる事項

イ 教育、福祉、保健、医療、矯正、更生保護、雇用その他の各関連分野における施策に関する事項

ロ 子ども・若者の健やかな成長に資する良好な社会環境の整備に関する事項

ハ 第二条第七号に規定する支援に関する事項

ニ イからハまでに掲げるもののほか、子ども・若者育成支援施策に関する重要事項

三 子ども・若者育成支援施策を総合的に実施するために必要な国の関係行政機関、地方公共団体及び民間の団体の連

携及び協力に関する事項
四 子ども・若者育成支援に関する国民の理解の増進に関する事項
五 子ども・若者育成支援施策を推進するために必要な調査研究に関する事項
六 子ども・若者育成支援に関する人材の養成及び資質の向上に関する事項
七 子ども・若者育成支援に関する国際的な協力に関する事項
八 前各号に掲げるもののほか、子ども・若者育成支援施策を推進するために必要な事項

3 こども基本法第九条第一項の規定により定められた同項のこども大綱のうち前項各号に掲げる事項に係る部分は、第一項の規定により定められた子ども・若者育成支援推進大綱とみなす。

（都道府県子ども・若者計画等）

第九条 都道府県は、子ども・若者育成支援推進大綱を勘案して、当該都道府県の区域内における子ども・若者育成支援についての計画（以下この条において「都道府県子ども・若者計画」という。）を定めるよう努めるものとする。

2 市町村は、子ども・若者育成支援推進大綱（都道府県子ども・若者計画が定められているときは、子ども・若者育成支援推進大綱及び都道府県子ども・若者計画）を勘案して、当該市町村の区域内における子ども・若者育成支援についての計画（次項において「市町村子ども・若者計画」という。）を定めるよう努めるものとする。

3 都道府県又は市町村は、都道府県子ども・若者計画又は市町村子ども・若者計画を定めたときは、遅滞なく、これを公表しなければならない。これを変更したときも、同様とする。

（国民の理解の増進等）

第十条 国及び地方公共団体は、子ども・若者育成支援に関し、広く国民一般の関心を高め、その理解と協力を得るとともに、社会を構成する多様な主体の参加による自主的な活動に資するよう、必要な啓発活動を積極的に行うものとする。

（社会環境の整備）

第十一条 国及び地方公共団体は、子ども・若者の健やかな成長を阻害する行為の防止その他の子ども・若者の健やかな成長に資する良好な社会環境の整備について、必要な措置を講ずるよう努めるものとする。

（意見の反映）

第十二条　国は、子ども・若者育成支援施策の策定及び実施に関して、子ども・若者を含めた国民の意見をその施策に反映させるために必要な措置を講ずるものとする。

（子ども・若者総合相談センター）

第十三条　地方公共団体は、子ども・若者育成支援に関する相談に応じ、関係機関の紹介その他の必要な情報の提供及び助言を行う拠点（第二十条第三項において「子ども・若者総合相談センター」という。）としての機能を担う体制を、単独で又は共同して、確保するよう努めるものとする。

（地方公共団体及び民間の団体に対する支援）

第十四条　国は、子ども・若者育成支援施策に関し、地方公共団体が実施する施策及び民間の団体が行う子ども・若者の社会参加の促進その他の活動を支援するため、情報の提供その他の必要な措置を講ずるよう努めるものとする。

第三章　子ども・若者が社会生活を円滑に営むことができるようにするための支援

（関係機関等による支援）

第十五条　国及び地方公共団体の機関、公益社団法人及び公益財団法人、特定非営利活動促進法（平成十年法律第七号）第二条第二項に規定する特定非営利活動法人その他の団体並びに学識経験者その他の者であって、教育、福祉、保健、医療、矯正、更生保護、雇用その他の子ども・若者育成支援に関連する分野の事務に従事するもの（以下「関係機関等」という。）は、修学及び就業のいずれもしていない子ども・若者その他の子ども・若者であって、社会生活を円滑に営む上での困難を有するものに対する次に掲げる支援（以下この章において単に「支援」という。）を行うよう努めるものとする。

一　社会生活を円滑に営むことができるようにするために、関係機関等の施設、子ども・若者の住居その他の適切な場所において、必要な相談、助言又は指導を行うこと。

二　医療及び療養を受けることを助けること。

三　生活環境を改善すること。

四　修学又は就業を助けること。

五　前号に掲げるもののほか、社会生活を営むために必要な知識技能の習得を助けること。

六　前各号に掲げるもののほか、社会生活を円滑に営むことができるようにするための援助を行うこと。

2　関係機関等は、前項に規定する子ども・若者に対する支援に寄与するため、当該子ども・若者の家族その他子ども・若者が円滑な社会生活を営むことに関係する者に対し、相談及び助言その他の援助を行うよう努めるものとする。

（関係機関等の責務）

第十六条　関係機関等は、必要な支援が早期かつ円滑に行われるよう、次に掲げる措置をとるとともに、必要な支援を継続的に行うよう努めるものとする。

一　前条第一項に規定する子ども・若者の状況を把握すること。

二　相互に連携を図るとともに、前条第一項に規定する子ども・若者又は当該子ども・若者の家族その他子ども・若者が円滑な社会生活を営むことに関係する者を必要に応じて速やかに適切な関係機関等に誘導すること。

三　関係機関等が行う支援について、地域住民に周知すること。

（調査研究の推進）

第十七条　国及び地方公共団体は、第十五条第一項に規定する子ども・若者が社会生活を円滑に営む上での困難を有することとなった原因の究明、支援の方法等に関する必要な調査研究を行うよう努めるものとする。

（人材の養成等）

第十八条　国及び地方公共団体は、支援が適切に行われるよう、必要な知見を有する人材の養成及び資質の向上並びに第十五条第一項各号に掲げる支援を実施するための体制の整備に必要な施策を講ずるよう努めるものとする。

（子ども・若者支援地域協議会）

第十九条　地方公共団体は、関係機関等が行う支援を適切に組み合わせることによりその効果的かつ円滑な実施を図るため、単独で又は共同して、関係機関等により構成される子ども・若者支援地域協議会（以下「協議会」という。）を置くよう努めるものとする。

2　地方公共団体の長は、協議会を設置したときは、内閣府令で定めるところにより、その旨を公示しなければならない。

（協議会の事務等）

第二十条　協議会は、前条第一項の目的を達するため、必要な情報の交換を行うとともに、支援の内容に関する協議を行うものとする。

2　協議会を構成する関係機関等（以下「構成機関等」という。）は、前項の協議の結果に基づき、支援を行うものとする。

3　協議会は、第一項に規定する情報の交換及び協議を行うため必要があると認めるとき、又は構成機関等による支援の実施に関し他の構成機関等から要請があった場合において必要があると認めるときは、構成機関等（構成機関等に該当しない子ども・若者総合相談センターとしての機能を担う者を含む。）に対し、支援の対象となる子ども・若者に関する情報の提供、意見の開陳その他の必要な協力を求めることができる。

（子ども・若者支援調整機関）

第二十一条　協議会を設置した地方公共団体の長は、構成機関等のうちから一の機関又は団体を限り子ども・若者支援調整機関（以下「調整機関」という。）として指定することができる。

2　調整機関は、協議会に関する事務を総括するとともに、必要な支援が適切に行われるよう、協議会の定めるところにより、構成機関等が行う支援の状況を把握しつつ、必要に応じて他の構成機関等が行う支援を組み合わせるなど構成機関等相互の連絡調整を行うものとする。

（子ども・若者指定支援機関）

第二十二条　協議会を設置した地方公共団体の長は、当該協議会において行われる支援の全般について主導的な役割を果たす者を定めることにより必要な支援が適切に行われることを確保するため、構成機関等（調整機関を含む。）のうちから一の団体を限り子ども・若者指定支援機関（以下「指定支援機関」という。）として指定することができる。

2　指定支援機関は、協議会の定めるところにより、調整機関と連携し、構成機関等が行う支援の状況を把握しつつ、必要に応じ、第十五条第一項第一号に掲げる支援その他の支援を実施するものとする。

（指定支援機関への援助等）

第二十三条　国及び地方公共団体は、指定支援機関が前条第二項の業務を適切に行うことができるようにするため、情報の提供、助言その他必要な援助を行うよう努めるものとする。

2　国は、必要な支援があまねく全国において効果的かつ円滑に行われるよう、前項に掲げるもののほか、指定支援機関の指定を行っていない地方公共団体（協議会を設置していない地方公共団体を含む。）に対し、情報の提供、助言その他必要な援助を行うものとする。

3　協議会及び構成機関等は、指定支援機関に対し、支援の対象となる子ども・若者に関する情報の提供その他必要な協力を行うよう努めるものとする。

（秘密保持義務）

第二十四条　協議会の事務（調整機関及び指定支援機関としての事務を含む。以下この条において同じ。）に従事する者又は協議会の事務に従事していた者は、正当な理由なく、協議会の事務に関して知り得た秘密を漏らしてはならない。

（協議会の定める事項）

第二十五条　第十九条から前条までに定めるもののほか、協議会の組織及び運営に関し必要な事項は、協議会が定める。

板本洋子（いたもと・ようこ）【第8章】
NPO法人全国地域結婚支援センター代表。1980年財団法人日本青年館結婚相談所設立。若者、女性、家族問題の視点で各地の結婚支援事業の企画、提案に関わる。2012年NPO法人を設立代表に就任。政府や都道府県行政の少子化問題関連の各種委員。著作に『追って追われて結婚探し』（新日本出版、2005年）、『地方に生きる若者たち』（共著、旬報社、2017年）など。

両角達平（もろずみ・たつへい）【第9章】
日本福祉大学社会福祉学部専任講師。静岡県立大学国際関係学研究科付属CEGLOS・国立青少年教育振興機構青少年教育研究センター客員研究員。若者の社会参画について、ヨーロッパ（特にスウェーデン）の若者政策、ユースワークの視点から研究。著作に『若者からはじまる民主主義』（萌文社、2021年）、『政治について話そう！』（共訳、アルパカ、2021年）など。

野村武司（のむら・たけし）【第10章】
東京経済大学現代法学部教授（行政法・子ども法）。獨協地域と子ども法律事務所弁護士（埼玉弁護士会）、日弁連子どもの権利委員会幹事。川崎市子どもの権利条例をはじめとして、自治体の子どもの権利条例作りに関わる。著作に「困難を有する若者支援の法制度と自治体法政策——相談・救済・多機関連携」宮本みち子ほか編著『アンダークラス化する若者たち』（明石書店、2021年）など。

三井俊介（みつい・しゅんすけ）【第11章】
NPO法人SET（2019年内閣総理大臣賞受賞）の理事長。新公益連盟北海道・東北ブロック代表。一般社団法人幸せなコミュニティとつながり実践研究所理事。NPO法人高田暮舎理事。宮城大学非常勤講師。元岩手県陸前高田市議。「若者育成×限界集落の活性化」を人材交流を通して推進。著作に『政策起業家が社会を変える』（共著、ミネルヴァ書房、2022年）など。

岡田勝太（おかだ・しょうた）【第11章】
NPO法人SET理事。2013年Change Maker Program発起人。Change Makers' College学長。デンマークの成人教育機関「フォルケホイスコーレ」と国内の連携推進。実践分野は人の発達に関する関係性やコミュニティデザイン。著作に『フォルケホイスコーレのすすめ——デンマークの「大人の学校」に学ぶ』（共著、花伝社、2022年）など。

◉執筆者紹介（【　】は担当）

園山大祐（そのやま・だいすけ）【第2章】
大阪大学人間科学研究科教授。専門は比較教育社会学、移民教育、フランス。著作に『フランスの高等教育改革と進路選択』（編著、明石書店、2021年）、『世界のしんどい学校：東アジアとヨーロッパにみる学力格差是正の取り組み（シリーズ・学力格差 第4巻〈国際編〉）』（編著、明石書店、2019年）など。

西岡正次（にしおか・まさじ）【第3章】
A´ワーク創造館副館長（大阪地域職業訓練センター）副館長・就労支援室長。著作に「相談支援を利用して『働く』『働き続ける』」宮本太郎編著『転げ落ちない社会』（勁草書房、2017年）、「若者施策としての就労支援」宮本みち子ほか編著『アンダークラス化する若者たち』（明石書店、2021年）など。

矢野茂生（やの・しげき）【第4章】
特定非営利活動法人おおいた子ども支援ネット理事長。専門は社会的養護、非行臨床・少年犯罪、若者支援。大分大学福祉健康科学部非常勤講師、アフターケア事業全国ネットワークえんじゅの副代表理事などを務める。社会福祉士。著作に『おおいたの子ども家庭福祉』（共著、明石書店、2022年）など。

川田菜穂子（かわた・なほこ）【第5章】
大分大学教育学部准教授。専門は住居学（住宅政策・住宅問題・住教育など）。神戸大学大学院・教育研究補佐員等を経て、2010年に大分大学教育福祉科学部に講師として着任。2014年より現職。著作に『深化する居住の危機──住宅白書〈2014-2016〉』（共著、ドメス出版、2016年）など。

鈴木晶子（すずき・あきこ）【第6章】
NPO法人パノラマ理事、認定NPO法人フリースペースたまりば理事、一般社団法人生活困窮者自立支援全国ネットワーク理事等。臨床心理士。著作に『子どもの貧困と地域の連携・協働』（共編著、明石書店、2019年）、『辺境の国アメリカを旅する』（明石書店、2022年）など。

早川悟司（はやかわ・さとし）【第7章】
児童養護施設子供の家施設長。都内2か所の児童養護施設勤務を経て、2013年4月より子供の家副施設長・自立支援コーディネーター、2014年4月より現職。社会福祉士。著作に『子どもの未来をあきらめない──施設で育った子どもの自立支援』（共著、明石書店、2015年）など。

◉編著者紹介（【　】は担当）

宮本みち子（みやもと・みちこ）【第1章、おわりに、Column】
放送大学名誉教授・千葉大学名誉教授。専門は生活保障論、若者政策論、家族社会学。東京教育大学文学部卒業（経済学専攻、社会学専攻）。お茶の水女子大学家政学研究科修士課程修了。社会学博士。こども政策の推進に係る有識者会議構成員、社会保障審議会委員、中央教育審議会委員、労働政策審議会委員等を歴任。著作に『ポスト青年期の親子戦略――大人になる意味と形の変容』（勁草書房、2004年）、『若者が無縁化する』（筑摩書房、2012年）、『すべての若者が生きられる未来を』（編著、岩波書店、2015年）、『下層化する女性たち』（編著、勁草書房、2015年）、『アンダークラス化する若者たち――生活保障をどう立て直すか』（編著、明石書店、2021年）など。

◉監修者紹介

末冨 芳（すえとみ・かおり）
日本大学文理学部教授。専門は教育行政学、教育財政学。

秋田喜代美（あきた・きよみ）
学習院大学文学部教授、東京大学名誉教授。専門は保育学、教育心理学、学校教育学。

宮本みち子（みやもと・みちこ）
放送大学名誉教授・千葉大学名誉教授。専門は生活保障論、若者政策論、家族社会学。

子ども若者の権利と政策　4
若者の権利と若者政策

2023年10月20日　初版第1刷発行

編著者　宮本みち子
監修者　末冨　芳
秋田喜代美
宮本みち子
発行者　大江道雅
発行所　株式会社　明石書店
〒101-0021　東京都千代田区外神田6-9-5
電話　03（5818）1171
FAX　03（5818）1174
振替　00100-7-24505
https://www.akashi.co.jp/

装丁　清水肇（プリグラフィックス）
装画　今日マチ子
組版　朝日メディアインターナショナル株式会社
印刷　株式会社文化カラー印刷
製本　協栄製本株式会社

（定価はカバーに表示してあります）　ISBN978-4-7503-5659-4

子ども若者の権利と政策

【全5巻】

［シリーズ監修］
末冨 芳、秋田喜代美、宮本みち子

◎A5判／並製　◎各巻2,700円

子ども若者自身の権利を尊重した実践、子ども政策、若者政策をどのように進めるべきか。いま(現在)の状況を整理するとともに、これから(今後)の取り組みの充実を展望する。「子ども若者の権利」を根源から考え、それを着実に「政策」につなぐ、議論をはじめるためのシリーズ！

1 子ども若者の権利とこども基本法
末冨 芳［編著］

2 子ども若者の権利と子どもの育ち
秋田喜代美［編著］

3 子ども若者の権利と学び・学校
末冨 芳［編著］

4 若者の権利と若者政策
宮本みち子［編著］

5 子ども若者政策の構想と展望
末冨 芳［編著］

〈価格は本体価格です〉